本书系2024年安徽省高等学校人文社会科学研究重点项目"慕课背景下高校图书馆服务创新理论与实践研究"（项目编号：2024AH052992）的研究成果

慕课背景下
高校图书馆
服务创新理论与实践

Muke Beijingxia
Gaoxiao Tushuguan
Fuwu Chuangxin Lilun Yu Shijian

蒋自奎　著

中央民族大学出版社
China Minzu University Press

图书在版编目（CIP）数据

慕课背景下高校图书馆服务创新理论与实践 / 蒋自奎著 . —北京：中央民族大学出版社，2024.11

ISBN 978-7-5660-2253-0

Ⅰ. ①慕… Ⅱ. ①蒋… Ⅲ. ①院校图书馆—图书馆服务—研究 Ⅳ. ① G258.6

中国国家版本馆 CIP 数据核字（2023）第 213620 号

慕课背景下高校图书馆服务创新理论与实践

著　者	蒋自奎
策划编辑	沙　平
责任编辑	杨爱新
封面设计	舒刚卫
出版发行	中央民族大学出版社
	北京市海淀区中关村南大街27号　　邮编：100081
	电话：（010）68472815（发行部）　传真：（010）68933757（发行部）
	（010）68932218（总编室）　　　　（010）68932447（办公室）
经 销 者	全国各地新华书店
印 刷 厂	北京鑫宇图源印刷科技有限公司
开　本	787×1092　1/16　印张：12.5
字　数	186千字
版　次	2024年11月第1版　2024年11月第1次印刷
书　号	ISBN 978-7-5660-2253-0
定　价	65.00元

版权所有　翻印必究

前　言

本书系2024年安徽省高等学校人文社会科学研究重点项目"慕课背景下高校图书馆服务创新理论与实践研究"（项目编号：2024AH052992）的研究成果。

2012年是慕课元年，它像一场全球性的数字海啸，给世界高等教育带来了巨大的冲击，引发了一场教育风暴。它以开放、共享为理念，突破传统课程在时间、空间上的限制，让世界各地的学习者足不出户即可接触到国内外最优质的高等教育资源。MOOC在线学习浪潮使得教育变得更加公平开放，为所有人接受名校名师提供了机会。只需一根网线，你就可以足不出户，光明正大地聆听名校名师课程，一睹你崇拜已久的大师的授课风采。

2013年是中国的慕课元年，经过十年探索与实践，慕课建设数量和应用规模均已居世界第一。以慕课为抓手，高等教育在推进教育公平、促进国际交流、促进学习革命等方面取得显著成效，慕课已成为中国高等教育的亮丽名片。

慕课作为当今一种秉持优质教育全球免费共享理念的先进教学模式，无疑为莘莘学子带来了福音，在国内外众多高校纷纷以行动来践行这一理念之际，图书馆也迎来了一个跨越式发展的新时期。为教师的教研和学生的学习提供支持始终是图书馆的核心职能，图书馆在慕课环境下应该重新定位自己的角色，图书馆员应当具有全球视野，主动参与、积极协作，及时了解慕课的发展动态，提高自身的服务能力，积极搭建平台，拓宽渠道推广，让更多人知晓和分享名校师资，把更多优质课程推介给求知者。对于高校图书馆来说，为慕课学习者提供更好的服务，有利于其在新型教育环境中争取发展空间，彰显自身价值。

本书从慕课兴起、慕课对图书馆的冲击、慕课背景下图书馆服务创新与实践、慕课宣传推广理论与实践、主要慕课平台简介等方面阐述慕课的发展及其对高等教育与图书馆的冲击以及图书馆的应对策略与实践。通过本书，笔者期望对慕课背景下图书馆服务创新与实践进行探讨，从而为高校推广使用慕课、推进高校图书馆服务创新，乃至建设全民终身学习的学习型社会、学习型大国贡献微薄之力。

目 录

第一章 慕课兴起 …………………………………………………… 1
  一、MOOC 元年 ………………………………………………… 2
  二、中国的慕课元年 …………………………………………… 5
  三、慕课起源与其概念探析 …………………………………… 10
  四、慕课的特点与发展趋势 …………………………………… 15

第二章 慕课对图书馆的冲击 ……………………………………… 23
  一、中国慕课十年 ……………………………………………… 23
  二、图书馆面临的机遇与挑战 ………………………………… 37
  三、图书馆角色定位探析 ……………………………………… 41
  四、图书馆员角色定位探析 …………………………………… 44
  五、图书馆应对策略探析 ……………………………………… 47

第三章 慕课背景下图书馆服务创新与实践 ……………………… 55
  一、新生入馆教育 ……………………………………………… 55
  二、信息素养教育 ……………………………………………… 62
  三、嵌入式服务 ………………………………………………… 73
  四、学科服务 …………………………………………………… 85
  五、版权服务 …………………………………………………… 97

第四章 慕课宣传推广理论与实践 ………………………………… 124
  一、图书馆开展慕课宣传推广的必要性 ……………………… 125

二、图书馆开展慕课宣传推广的实践 …………………… 130
三、图书馆慕课之家建设 …………………………………… 134

第五章 主要 MOOC 平台简介 ………………………………… 139
一、Coursera ……………………………………………… 140
二、edX …………………………………………………… 144
三、Udacity ……………………………………………… 149
四、Futurelearn ………………………………………… 151
五、iVersity ……………………………………………… 153
七、学堂在线 …………………………………………… 156
八、好大学在线 ………………………………………… 162
九、中国大学 MOOC …………………………………… 165
十、UOOC 联盟 ………………………………………… 168
十一、果壳网 MOOC 学院 ……………………………… 170
十二、华文慕课 ………………………………………… 172
十三、智慧树 …………………………………………… 173
十四、可汗学院 ………………………………………… 176

附 录 …………………………………………………………… 179

第一章　慕课兴起

MOOC（Massive Open Online Course）像一场全球性的数字海啸，给世界高等教育带来了巨大的冲击，引发了一场教育风暴。它以开放、共享为理念，突破传统课程在时间、空间上的限制，让世界各地的学习者足不出户即可接触到国内外最优质的高等教育资源。MOOC在线学习浪潮的涌现使得教育变得更加公平开放，为所有人接受名校名师教育提供了新的机会。只需一根网线，你就可以足不出户，聆听名校名师的课，一睹你崇拜已久的大师的授课风采。教育部科技发展中心主任李志民指出："MOOC意味着校园围墙正在被打破，优质教育资源的共享已经成为时代的必然，传统意义上的大学职能将会发生颠覆性变化，教育会超出现有范畴，会成为国家文化和软实力输出的重要载体。"

截至2022年11月，我国慕课数量已经达到6.2万门，注册用户4.02亿，学习人次达9.79亿，在校生获得慕课学分认定3.52亿人次，慕课数量和学习人数均居世界第一。"以慕课为牵引，深入开展在线学习、翻转课堂、混合式教学等教学模式改革，高等教育数字化进入新阶段，高等教育形态正发生深刻变革。"教育部高等教育司相关负责人表示。[①]

---

① 我国慕课学习人次达九点七九亿[EB/OL].[2023-01-02].http：//www.moe.gov.cn/jyb_xwfb/s5147/202301/t20230103_1037816.html.

一、MOOC元年

（一）MOOC元年

"MOOC元年"[①]，这种说法于2012年最先由《纽约时报》提出，目的是纪念斯坦福大学塞巴斯蒂安·特隆（Sebastian Thrun）教授当年所做的卓有成效的研究。2011年秋天，美国斯坦福大学教授塞巴斯蒂安·特隆把为研究生开设的课程《人工智能导论》放在互联网上。在特隆教授独特的人格魅力吸引下，该门课程吸引了来自全球190多个国家的16多万名学习者广泛参与，并有2.3万人完成了课程学习。塞巴斯蒂安·特隆教授陷入对该现象的反思，并敏锐洞悉了这种先进教学方式中蕴藏的巨大潜力。课程结束后不久，特隆教授与大卫·斯塔文斯（David Stavens）、迈克·索科尔斯基（Mike Sokolsky）于2012年2月联合创办了Udacity。[②]

在巴斯蒂安·特隆教授的影响下，他的同事，斯坦福大学教授安德鲁·恩格（Andrew Ng，亦是斯坦福三门公开课项目的主讲人之一，内容涉及当时广受欢迎的机械制造领域，授课风格备受称赞，课程注册人数突破了10万）与达芙妮·科勒教授（Daphne Koller，麦克·阿瑟荣誉勋章获得者，人工智能研究领域顶尖专家）于2012年3月联袂开发出著名的Coursera平台，并以迅雷之势与世界各地的诸多大学、学院建立起合作关系，授权后者利用Coursera系统推出自己的"明星教授"，使他们可以面对成千上万的莘莘学子讲授课程，实现全球高等教育资源共享。[③]

面对MOOC现象带来的机遇与挑战，麻省理工学院权衡利弊，最终

[①] See Laura Pappano, The Year of the MOOC, *New York Times*, November 4, 2012, p. ED26, available at http://www.nytimes.com/2012/11/04/education/edlife/massive open-online courses are multiplying -at-a rapid-pace. html.

[②] 焦建利，王萍.慕课：互联网+教育时代的学习革命[M].北京：机械工业出版社，2015：164-164.

[③] （美）乔纳森哈伯.慕课：人人可以上大学[M].刘春园译.北京：中国人民大学出版社，2015：3-4.

作出艰难却明智的选择：与其一窝蜂地跟在其他大学（科研机构）身后与Udacity平台或者Coursera平台供应商签订风险投资合同，不如与哈佛等常春藤盟校联手组建自己的团队。2012年5月，哈佛大学与麻省理工学院各出资3000万美元联合创建了非营利性MOOC服务平台edX，其前身起源于麻省理工学院2011年12月宣布实施的在线开源学习项目MITx和哈佛大学的网络在线教学计划（Harvard Open Learning Initiative）。他们相信，edX平台具有非凡潜力与强劲优势，完全可以与Udacity平台与Coursera平台一争高低。更有优势的是，尽管edX平台系统的目标定位为全球化的非营利机构，由于麻省理工学院与哈佛大学两大教育界巨头的加入，edX系统研发团队组建初始便争取到高达5000万美元的基金支持，着实令人羡慕。①

自此，Coursera、edX和Udacity在全球范围内形成了三足鼎立之势，MOOC在全球教育界掀起了"一场数字海啸"，一场声势浩大的大规模开放在线课程热潮开始席卷全球。2012年也因此被《纽约时报》称为"MOOC元年"。

（二）MOOC快速发展

2012年MOOC快速成长主要有以下几点原因：

1.MOOC课程的教学模式已基本成型，使得照此模式批量制作课程成为可能。二十多年网络教育实践中被证明能够有效保证网上学习效果的教学经验被很好地总结为MOOC的基本教学模式。

2.出现了多家专门提供MOOC平台的供应商，包括目前该领域的三大巨头：Coursera、Udacity和edX；一些老牌课件平台提供商，如Blackboard和Instructure也鼓励老师在其云平台上建设公开课。2012年9月，Google推出了MOOC的开源制作工具——CourseBuilder，使得普通

---

① （美）乔纳森哈伯.慕课：人人可以上大学[M].刘春园译.北京：中国人民大学出版社，2015：3-4.

老师自己制作MOOC课程成为可能。

3.众多高校的加入，如Coursera在不到一年的时间内已招募了包括著名的斯坦福大学、密歇根大学、普林斯顿大学和宾夕法尼亚大学在内的若干大学加入。麻省理工学院和哈佛大学推出edX的免费在线课程技术后，全世界超过120个院校表示希望加入，其中包括加州伯克利大学等知名院校。

4.大量风险基金和慈善基金进入，国际上较为著名的风投公司KPCBG reylockPartners、Charles River Ventures等均投入多笔资金，几个著名MOOC提供商的融资都在数千万美元以上。这些捐赠除了用于MOOC提供商的平台研发、业务拓展之外，也会用于对这类新型网络教育方式的研究。

5.一些大学开始接受MOOC课程的证书，承认其学分。如2012年9月6日，Udacity首创在线课程学分与大学学分挂钩。科罗拉多州立大学全球校区（Colorado State University，Global Campus）允许其学生在完成了Udacity提供的计算机科学引论课程学习后，花89美元在严格的考试中心通过Udacity的考试并获得证书之后转为该校的学分。①

6.MOOC迅速成为全球特别是教育领域关注的热点，并在国际上得到迅速发展。各国政府、教育机构、社会团体都重视并加大了对MOOC的支持，积极参与MOOC建设，涌现了很多优秀的在线教育平台。从欧洲到亚洲，基于MOOC模式的在线教育联盟不断成立。2012年12月14日，英国开放大学（Open University）发起成立Future Learn课程平台，创始单位为12所高校。

---

① 杜积西，严小芳.慕课：重新定义学习[M].北京：北京师范大学出版社，2016：4-5.

二、中国的慕课元年

（一）"慕课"由来

由"MOOC"到"慕课"，首先要提到华南师范大学博士生导师、未来教育研究中心主任焦建利教授，焦建利教授在慕课方面有丰富的研究和实践经验，他是国内把MOOC翻译为"慕课"的第一人，该译名已被国内学界广泛接受。

2012年10月，焦建利教授在发表在《中小学信息技术教育》期刊上的文章《从开放教育资源到"慕课"——我们能从中学到些什么》中写道："慕课（MOOC）是英文Massive Open Online Course的首字母缩写，其中，Massive，大规模的；Open，开放的；Online，在线的；Course，课程，直译就是'大规模网络开放课程'。'慕课'这个中文译名是我取的。"[①] 把"MOOC"翻译成"慕课（即令人羡慕的课）"，首先是形似，即读音相似；其次是神似，汉语中"慕"的含义是"向往、敬仰"，"慕课"一词可以理解为小伙伴们在网络上为听课求学慕名而来，聚在一起共同学习，与MOOC的M相呼应。

（二）我国的慕课元年

2012年是世界"慕课元年"，那么2013年就是中国的"慕课元年"。一般认为，把2013年称为"中国慕课元年"，是由中央民族大学时任外国语学院院长、博士生导师郭英剑教授首先提出的。2014年4月3日，郭英剑教授在《科学报》官微发布的文章《中国慕课发展的三大问题》中写道："《纽约时报》称2012年是慕课之年，在我看来，2013年才是中国的慕课元年。在这一年的10月10日，由清华大学打造的首个中文版慕课平

---

① 焦建利.从开放教育资源到"慕课"——我们能从中学到些什么[J].中小学信息技术教育，2012（10）：17-18.

台——'学堂在线'正式推出。而在更早的时候,清华大学、北京大学、复旦大学等或开始制作自己的慕课,或积极加入美国教育平台(edX)等的慕课组织之中。这都是中国慕课与世界同步的标志。"[1] 2015年11月,南京市教育科学研究所李亚平主任在发表在《上海教育科研》期刊上的文章《近年来慕课发展述评》中写道:"2013年,慕课之风刮进中国,关于慕课的文章、讨论频繁见诸各平面媒体和立体媒体。2013年底召开的'第三届中国教育学会教育家沙龙'也重点讨论了慕课这一话题。中央民族大学外国语学院院长郭英剑认为,中国的慕课元年应该是2013年。"[2] 把2013年称为中国的慕课元年,已经得到国内学界普遍认可,2022年9月5日,由清华大学和世界慕课在线教育联盟主办的"从一到亿再出发"新时代教育数字化研讨会在学堂在线举行,时任教育部高等教育司司长吴岩在讲话中指出:"2013年,是中国慕课元年。这一年,教育部高教司正式发文,决定在清华大学成立教育部在线教育研究中心。同一年,学堂在线开始创建。从2013年起,学堂在线与中国慕课一起经过了从无到有、从小到大、从国内到国际、从跟随别人到引领别人的发展历程。"[3]

(三)MOOC在我国的初步建设发展

慕课最初萌芽于世界一流的高等院校,也最先引起世界各个国家高等院校的关注和争论,在中国也是如此。在中国高等院校中,对慕课最先做出反应的,包括清华大学、北京大学、上海交通大学、复旦大学、香港科技大学等,这也反映了这些大学对世界高等教育发展动向和趋势的敏感。

2013年5月21日,清华大学宣布加入edX。同年8月10日,作为中国

---

[1] 郭英剑.中国慕课发展的三大问题[EB/OL].[2014-04-03].https://wap.sciencenet.cn/blog-1208826-781678.html?mobile=1

[2] 李亚平,席晓圆.近年来慕课发展述评[J].上海教育科研,2015(11):60-62.

[3] 吴岩司长在新时代教育数字化研讨会上的讲话[EB/OL].[2022-09-05].http://www.cedumedia.com/i/37467.html

大陆地区首个加入该平台高等院校，清华大学率先在edX开放两门在线课程《电路原理》和《中国建筑史》。在加入edX的同时，清华大学于2013年6月开始整合校内力量与资源，组建团队打造基于edX开源代码的中文平台，10月10日，"学堂在线"正式发布，面向全球提供在线课程。清华大学的《电路原理》《中国建筑史》《财务分析与决策》《数据结构》《文物精品与文化中国》等五门课程，麻省理工学院的《电路原理》课程，北京大学的《计算机辅助翻译原理与实践》课程，作为第一批上线课程在平台开放选课。此外，还有两门清华大学的校内课程《C++程序设计》和《云计算与软件工程》，已经采用该平台进行混合式教学，让学生在课前先通过视频进行充分预习，以便于教师在课上将更多的精力用于启发式教学。

2013年3月，北京大学发布《北京大学关于积极推进网络开放课程建设的意见》，致力于推进网络开放课程建设。2013年5月21日，北京大学和清华大学同时加入edX。9月23日，北京大学首批四门课程《20世纪西方音乐》《民俗学》《电子线路》和《世界文化地理》在edX平台上对全球用户开课。9月8日，北京大学与Coursera签订协议，正式加入Coursera，并于9月30日在Coursera平台上首期发布《大学化学》《计算概论》《生物信息学方法》三门课程。

2013年7月8日，上海交通大学与复旦大学宣布加入Coursera联盟。2013年12月1日，上海交通大学首批两门课程《数学之旅》和《中医药与中华传统文化》在Coursera上线。2014年4月1日，复旦大学首门课程《大数据与信息传播》在Coursera上线。

2014年4月8日，由上海交通大学自主研发的中文慕课平台"好大学在线"（www.enmooe.org）正式发布。上海交通大学和台湾交通大学的《中医药与中华传统文化》《法与社会》《粒子世界探秘》《孙子兵法与企业经营》等8门课程率先上线。随后，来自北京大学、香港科技大学等知名大学的课程也陆续推出。

香港科技大学的努巴哈夫·沙里夫（Naubahar Sharif）教授于2013年

4月在Coursera上开设的《科学、技术与社会在中国》(Science, Technology, and Society in China)是亚洲的第一门慕课。2013年5月21日,香港大学和香港科技大学与清华大学、北京大学同时加盟edX。香港中文大学于2013年9月开始在Coursera上开设课程,第一门课程为《人民币在国际货币系统中的角色》(The Role of the Renminbi in the International Monetary System)。

2013年2月21日,台湾大学加盟Coursera,8月31日推出其首批慕课《中国古代历史与人物——秦始皇》和《概率》,这也是全球首批用中文授课的慕课。[1]

2013年4月,教育部组织启动200门教师教育国家级精品资源共享课立项建设,6月,在南京召开教师教育国家级精品资源共享课建设启动会,明确提出引入慕课概念。11月,教育部召开的2013年教师培训高级研修班、全国高等学校教学研究中心召开的第六届"大学教学改革研讨会"均将慕课列作重要探讨内容,并将慕课引入国家开放课程建设中,提出组织"985工程"高校建设中国的慕课。

表1-1　2013年慕课:中国发展主要大事表[2]

时间	慕课中国发展主要大事
2013年4月4日	香港科技大学努巴哈夫·沙里夫教授在Coursera上开设亚洲第一门慕课《科学、技术与社会在中国》
2013年4月27日	中国东西部高校课程共享联盟在重庆大学成立
2013年5月21日	清华大学、北京大学、香港大学、香港科技大学加入edX
2013年6月3日	大规模在线教育论坛在清华大学举行
2013年6月9日	优酷与Udacity建立战略合作
2013年7月8日	上海交通大学和复旦大学加入Coursera

---

[1] 焦建利,王萍.慕课:互联网+教育时代的学习革命[M].北京:机械工业出版社,2015:52-54.

[2] 焦建利,王萍.慕课:互联网+教育时代的学习革命[M].北京:机械工业出版社,2015:52-54.

续表

时间	慕课中国发展主要大事
2013年7月9日	C9高校及同济大学、大连理工大学、重庆大学等12所高校在沪宣布共建中国慕课
2013年7月9日	在线教育发展（MOOCs）国际论坛在上海交通大学召开
2013年8月	海峡两岸五所交通大学共建eWant课程平台
2013年8月10日	清华大学作为中国大陆地区首所高校，在edX开放选课的两门在线课程
2013年8月17日	译言网和Coursera达成官方合作协议，正式加入其全球翻译合作项目
2013年9月8日	北京大学加入Coursera
2013年9月17日	果壳网和Coursera达成官方合作协议，正式加入其全球翻译合作项目
2013年9月23日	北京大学首批四门课程在edX平台对全球用户开课
2013年9月29日	"中国式MOOCs"长三角论坛在复旦大学举行
2013年9月30日	北京大学在Coursera平台上发布三门课程
2013年10月8日	网易公开课宣布，正式与Coursera展开全面合作
2013年10月10日	"学堂在线"正式发布
2013年11月8日	果壳网召开了第二届"知识青年烩"，主题是"华语世界的MOOC学习"
2013年12月1日	上海交通大学首批两门课程在Coursera上线

表1-2　2013-2014年4月全球慕课平台：国内高校签约课程[①]

平台	课程	分类	讲师	学校
Coursera	大学化学	化学	卞江	北京大学
	刑法学总论	法律	王世洲	
	面向对象技术高级课程	计算机	蒋严冰	
	程序设计实习	计算机	刘家瑛	
	中级有机化学	化学	裴坚	
	生物信息学：导论与方法	生命科学	高歌	
	计算概论A	计算机	李戈	
	人群与网络	计算机	李晓明	

[①] 陆赛茜.慕课的发展现状与前景[J].新媒体与社会，2014（01）：309-323.

续表

平台	课程	分类	讲师	学校
Coursera	艺术史	人文	朱青生	北京大学
	数据结构与算法	计算机	张铭	
	唐诗宋词人文解读	人文	李康化	上海交通大学
	媒介批评：理论与方法	人文	姚君喜	
	数学之旅	数学与统计	王维克	
	中医药与中华传统文化	养生文化	彭崇胜	
	法与社会	法律	季卫东	
	粒子世界探秘	物理	季向东	
	大数据与信息传播	社会科学	程士安	复旦大学
edX	计算机辅助翻译原理与实践	计算机	俞敬松	北京大学
	民俗研究	人文	王娟	
	世界文化地理	人文	邓辉	
	电子电路	电子工程	陈江	
	20世纪西方音乐	人文	毕明辉	
	财务分析与决策	经济管理	肖星	清华大学
	中国建筑史	人文	王贵祥	
	数据结构	计算机	邓俊辉	
	电路原理	电子工程	于歆杰	
	文物精品与文化中国	人文	彭林	

三、慕课起源与其概念探析

（一）MOOC起源

MOOC虽然只有短暂的历史，但是却有一个漫长的孕育发展历程，它是长期积淀的结果。MOOC模式的兴起并非偶然，它与互联网技术的进步、滞后的传统教育模式落没、高等教育成本大幅攀升、未来职业教育的需要等因素息息相关。MOOC的兴起，源于教育潮流、一流大学、网络金融、政府机构、科学技术和新闻媒体等多种力量的共同作用。很多研究远程教育的专家把慕课当作是远程教育的新发展，将它划归到远程教育发展中；也有人认为它是21世纪初兴起的开放教育资源运动（OER）的后续发展。MOOC作为后IT时代一种新的教育模式，横跨了教育、科技、金融、社会等多个领域，其兴起的背后，既隐藏着历史的必然性，又被打上时代烙印，还凸显了技术的颠覆性。

关于MOOC的起源，有的学者认为MOOC是远程教育发展的延续。乔治·西门子（George Siemens）等人认为，远程教育的历史可以追溯到1833年，它多年来致力于为更多的人提供学习机会，英国开放大学的建立是成功的尝试，MOOC正是这种趋势的延续。

但真正对MOOC产生深远影响的则是2001年由麻省理工学院发起的开放课件运动。在2001年，麻省理工学院做出了一个在远程教育史上具有重要意义的决定，向全世界免费开放学校的课件，使全球的学习者可以免费享受到优质的学习资源。之后，其他顶尖大学，如哈佛大学、耶鲁大学、斯坦福大学等也陆续加入这一开放运动中，正式揭开了开放教育资源运动的序幕。据统计，仅麻省理工学院就有超过2000多门的课程上线，供学习者免费学习；课程的访问量更是超过了12.5亿。① 但真正促进开放教育资源发生变革的，是2006年由萨尔曼·可汗成立的非营利性组织"可汗学院"，该网站用10分钟左右的短视频讲解不同科目的内容，并解答网友提出的问题，得到了越来越多的人的认可。

2007年是慕课孕育最重要的一年。这一年秋天，美国学者戴维·维利（David Wiley）基于Wiki技术开发了一门开放课程"开放教育导论"

---

① 祝智庭，闫寒冰，魏非. 观照MOOCs的开放教育正能量[J]. 开放教育研究，2013，19（06）：18-27.

（Introduction to Open Education）。这门3个学分的研究生层次开放在线课程的突出特点在于来自世界各地的参与者（学习者）为这门课程贡献了大量的材料和内容。换句话说，也就是学习者不只是来消费这门课程的，而是所有人一起在学习的过程中建设这门课程，并在建设的过程中学习这门课程。这样的设计是非常有意思的，也是很科学的。一方面，这门课程的性质决定了教师和学习者必须持开放的态度，并拿出实际的行动；另一方面，戴维·维利所选用的Wiki技术平台为这样的共建共享奠定了良好的基础。同样是2007年，加拿大里贾纳大学（University of Regina）教育学院的亚历克·克洛斯（Alee Couros）教授开设了一门研究生层次的课程，名为"社会性媒介与开放教育"（Social Media & Open Education）。它始终是开放的，既面向以获得学分为目的的学习者，也面向其他任何人。这门开放在线课程的突出特征就在于来自世界各地的特邀专家都参与了课程的教学活动。[①]

2008年，乔治·西蒙斯（George Siemens）和斯蒂芬·道恩斯（Stephen Downes）在曼尼托罗大学联合开设"连通主义与连通性知识"课程（Connectivism and Connective Knowledge，CCK08），CCK08课程综合运用Facebook Groups、Wiki Pages、Forums以及其他在线渠道吸引学生参与到课程内容之中，学习者也可以运用这些渠道与其他学习者开展交流讨论，更深入地加入到课程里来。除25名曼尼托罗大学在校生外，这一课程最终吸引了来自世界各地的2200多名线上学习者参加，更有近180人为参加这门课程的讨论开通了博客。针对西蒙斯和道恩斯联合开设的CCK08，加拿大爱德华王子岛大学（University of Prince Edward Island）的戴夫·科米尔（DaveCormier）、国家通识教育技术应用研究院（National Institute for Technology in Liberal Education）的布莱恩·亚历山大（Bryan Alexander）首创了MOOC这一术语。他们认为，MOOC是一种参与者和

[①] 焦建利，王萍.慕课：互联网+教育时代的学习革命[M].北京：机械工业出版社，2015：3-4.

课程资源都分散在网络上的课程，只有在课程是开放的、参与者达到一定规模的情况下，这种学习形式才会更有效。MOOC不仅是学习内容和学习者的聚集，更是一种通过共同的话题或某一领域的讨论将教师和学习者连接起来的方式。①

（二）MOOC概念探析

MOOC是Massive Open Online Course四个单词的首字母缩写，即大规模开放式网络课程。牛津词典释义，"MOOC"是"一种学习的课程，通过互联网可以获取，不对大规模人群收费，任何人只要决定学习慕课，就都可以登录网站并且注册学习"。维基百科在"MOOC"词条中把慕课看作是远程教育最新的发展成果，是远程教育的一种。它认为"MOOC是一种不限制参加人数、对所有在线用户开放的网络课程。它除了提供已经制作好的课程视频、阅读材料以及相关问题测试之外，还提供用户交流的论坛，支持学习者和教授、助教们的社区交流"②。而百度百科给出的定义是：一些著名大学为了给学生提供协作学习的可能，设立网络学习平台，在网上提供免费课程。它强调的是规模的宏大和资源的开放性，也即规模越大越有利于运行。同时，它通过基于主题的讨论形式把世界各地的学习者和教师连接在一起，共同交流和分享自己的学习资源。③

---

① Massive open online course[OL].<http：//en.wikipedia.org/wiki/Massive_open_online_course>.

② Wiki.MOOC[EB/OL].http：//en.wikipedia.org/wiki/MOOC.

③ 百度百科.MOOC[EB/OL].https：//baike.baidu.com/item/%E5%A4%A7%E5%9E%8B%E5%BC%80%E6%94%BE%E5%BC%8F%E7%BD%91%E7%BB%9C%E8%AF%BE%E7%A8%8B?fromtitle=MOOC&fromid=8301540&fromModule=lemma_search-box.

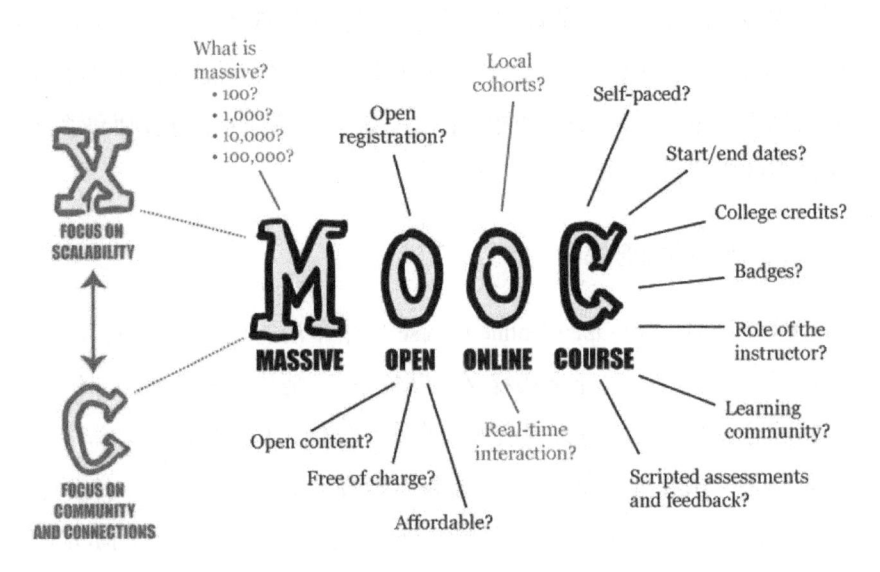

图1-1　慕课含义图解（图片来源于维基百科MOOC词条）①

从图1-1可以看出来，Massive一词翻译作"大规模"，指学习者课堂容量的大规模。提到"大规模"，便会想到它的"限度"问题，就数量上说，即是否有具体的参与人数限制问题。目前来看，100人的课堂相对于传统线下课堂，尤其是高校的通识课与公选课课堂，还不算"大规模"，但这个数字确实已经超过普通的传统学校一堂课学生的容量了。而在慕课中，100人的课堂并不少见，1000人乃至10000人甚至更多的课程参与人数也是可以实现的，且目前来看还没有达到上限，这个"大规模"恐怕没有办法用具体的数字做出界定。这也充分体现了慕课规模之"大"。

Open有"开放"的意思，在这里指的是怎样的开放呢？从已有慕课来看，学习者的注册和学习过程是完全免费的。课程结束之后，学习者可以通过已完成的作业和在线考试得到慕课平台颁发的对应课程的电子版合格证书；同时，也有些慕课平台为满足部分需要学分的学习者需求，与愿

---

① http://en.wikipedia.org/wiki/MOOC

意提供学分的大学达成合作，向学习者提供该大学的学分。这种能够提供学分的课程需要学习者付费参与考试，且要求更为严格。

Online 指向慕课课程开放的载体，即互联网。也正是因为它处于网络环境中，才能实现前面的"大规模"和"开放"。同样的，对于这种"在线"，有人仍有疑惑：是只要是网络上有的课程资源就算慕课呢？还是得在学习过程中有学习者与教师有交互交流才算是慕课？这个疑惑指向的正是慕课与传统网络课程资源的最大不同——慕课有师生实时交互和学习者相互评价的过程。此外，除了这些线上的交互过程，一些地区还在慕课的基础上建立了本地群组，方便线下的交流讨论。

构成"MOOC"这个专有名词的最后一个单词是"Course"，作为中心词，Course 要表达的课程含义，不仅仅是网上分享的精品课课件资料，也不是单一一门课的课程设计，而是包含线上线下、从课程设计开始到教学过程结束的动态整体。它包括课程和教学的设计理念、课程内容的选择与制作、教学进程的管理和互动、最终评价与学分等很多方面。[①]

基于笔者对 MOOC 的起源的理解以及不同机构对它不同定义的总结，本书采用它最为原始的英文释义，即大规模开放网络课程（Massive Open Online Course，简称 MOOC）。

四、慕课的特点与发展趋势

（一）慕课的特点

慕课，也称 MOOC，可直译为"大规模开放网络课程"。慕课具有大规模、开放和网络这三大特征。其中，"开放"作为慕课最核心的竞争力，是实现"大规模"的充分条件，而"网络"使得全球各地学习者能够站在同一条起跑线上，一同分享知识的盛宴。除此以外，慕课几乎为零的准入

[①] 董晶. 慕课（MOOC）的发展现状及对高等教育的影响[D]. 山东师范大学，2015.

门槛、简易明了的操作以及免费的优质教学资源，使其成为目前最受瞩目的在线教育模式。

陈肖庚、王顶明在其文章《MOOC的发展历程与主要特征分析》中认为[①]：MOOC的特征一是大规模。首先体现在学生规模上，吴恩达与同事首次在线开设"机器学习"（Machine Learning CS229）时就有10万多人注册，而过去该课程在斯坦福大学校内课堂的学生每次为400多人，这意味着如果吴恩达想通过课堂教学影响10万人的话，需要250年时间。其次，大规模还体现在MOOC平台中参与高校众多，Coursera选择的合作对象是每年最新发布的世界大学学术排行榜上排名前5%的学校。截至2013年7月，全球共有83所高校和机构加盟Coursera平台，其中欧洲大学14所，亚洲大学7所。再次，大规模还意味着大量的教师以团队方式参与课程教学，以MITx的"电路与电子学"（6.002x）为例，在这门电机工程与计算机科学系本科生入门课程的教师清单中共有21位团队成员。其中，指导教授4人，分别负责讲座、家庭作业、实验室和辅导，助教5人，开发人员9人，实验室助理3人。最后，大规模意味着大量可供选择的网络课程，截至2013年7月，全球最大的网络课程联盟Coursera共享了408门课程，分别为人文、教育、健康与社会、生命科学、商业及管理、信息技术、经济与金融、自然科学等各类在线课程。此外，大规模意味着需要大投入，除了资金上的大量投入，还需要教师时间、精力的大投入。

二是开放。首先体现在对学习对象的全面开放，体现为真正意义上的"有教无类"。传统教育中可能成为学习障碍或者入学门槛的地域、年龄、语言、文化、种族、资本、收入等因素，不再是开放网络时代人们学习（包括学习高深专业学问）的障碍。其次是教学与学习形式的开放性，几乎每门在线开放课程中师生互动、生生互动都非常充分、热烈。慕课利用Wiki、YouTube、Google、Facebook、微博以及其他社交软件和云服务

---

① 陈肖庚,王顶明.MOOC的发展历程与主要特征分析[J].现代教育技术,2013,23(11)：5–10.

来促进讨论、创建和分享视频及参与其他活动，充分展现课程教学与学习的开放互动。再次是教学内容与课程资源的开放性，根据OECD研究报告的定义，所谓的开放不仅包括教育教学内容资源的开放，还包含技术性资源的开放，如用于开发、传播和使用开放式内容的软件工具。开放还意味着阳光下的高质量，教授们一旦将课程上传到网络平台，就要面对来自同行、专家和批判者的检阅，因此，上传在线课程是件关乎个人声誉、学校声誉的事，不容小视，借此敦促教师不断改进课程质量。最后也是最为根本的是教育理念的开放，慕课及与此相关的开放教育运动所传递出来的知识公益、利他主义和开放自由的精神，足以跨越时空、跨越组织机构、跨越国界、跨越学科，实现知识的有效传递和充分运用。

三是在线。首先，在线使教育机构或者教育者可以随时随地将课程、教学内容与资源上传到网络平台。随着网络技术、信息技术的不断成熟与革新，上传到网络平台的课程内容、呈现形式更趋迅捷、多样。这种快速架设在线课程的方式，甚至可以运用到救灾援助等紧迫式学习环境中，便于随时随地地组织学员展开学习。其次，在线意味着任何人（只要具备上线条件）都可以在任何时间、任何地点，按照自己的节奏学习，并且能够及时得到学习反馈。再次，在线意味着经济实惠，得益于廉价、高速的互联网连接在全球范围的蓬勃发展，这些在线课程可能只需要每人支付50美分至1美元的成本就可在全球播放。而且，由于在线课程可以支持大规模学习者线上学习，因此，具有较好的规模效应，这使得集体教学与几年前相比更能为大众所承担。此外，由于社交网络的兴起，学生们可以轻松地与网络上的熟人组建多个长时间的学习小组，尽管他们在实际生活中彼此并不熟悉。最后，在线还意味着可以实时记录学习者的学习行为和过程，便于在大数据（Big Data）分析的基础上，掌握学习情况，跟踪学生的学习生涯，探讨学习与认知规律。

四是课程。首先是在课程的组织方式上强调"翻转课堂"（Flipped Classroom），也就是将课堂内与课堂外师生的、教与学的时间进行重新安排。将课堂的主导权从教师转移到学生，在真正意义上实施以学生为中心的教学设计、实现以问题或项目任务为导向的学习（Problem or Project-Based Learning，PBL）。这种课程能真正实现深度学习、主动学习和探究学习。其次在课程的内容上强调重组（Remixed）。各学科、专业领域的专家、教师可以将先行编制的多样化的网络课程和教学资料上传到慕课平台。再次在课程的学习方式上强调众包交互（Crowd-Sourced Interaction），众多学习者在虚拟或者现实的学习社区中，利用群体的智慧和有机的互动，共同探讨、实施并评估问题的解决方案。而且，来自世界各地的学生们还会自发组织线下的学习小组，定期定点见面共同研讨一系列问题。通过这种众包交互，学习成了一个高度个性化的主动建构过程，终身学习也将成为普遍的现实。最后，是课程评价方式上的创新。学生互评是一个大规模开放在线课程中面对巨量学生作业需要评阅时一种十分有效的课程评价策略，在适当的激励机制下，让学生自己给自己批改作业也是一种行之有效的方式。

杜积西、严小芳在其著作《慕课：重新定义学习》中认为[①]：慕课的特征一是大规模的：慕课不是指个人发布的一两门课程，只有那些由参与者发布的大型的或者大规模的课程才是典型的慕课。二是开放课程：慕课尊崇创用共享协议；只有当课程是开放的时候，才可以称之为慕课。三是网络课程：慕课不是面对面的课程；这些课程材料分散于互联网上。人们上课地点不受限制，无论其身在何处，都可以花最少的钱观看和学习世界一流大学的优秀课程，只需要一台电脑和网络连接即可。

综合分析各类MOOC运作流程，结合实际MOOC的案例分析，总结MOOC的外在和内在特征，笔者认为，MOOC有五个方面的特征：大规模、开放性、碎片化、交互性以及自主性。

一是大规模，指的是课程的容量或者可扩展性，而不是仅仅指具体的

---

① 杜积西，严小芳.慕课：重新定义学习[M].北京：北京师范大学出版社，2016：2-2.

学生数量。可扩展性包括：支持大规模参与、大规模交互以及大规模的学习数据分析。

二是开放性，指的是学习者进行课程学习时不受时间和空间的限制，课程面向全球的学习者免费开放，任何人都可注册学习。

三是碎片化，指的是按照课程内容的知识点和技能点组织，每个视频约为5-15分钟，聚焦于一个相对独立的知识点，学习者可以从任何知识点开始进行重复学习，直到学懂为止，使得学习变得更为自由。此外，碎片化的课程组织形式也符合时间需要，每一次学习的时间不长，而且可以随时随地学习。

四是交互性，指的是在慕课教学过程中，教师和学生通过该课程提供的网络平台进行双向乃至多向交流的特性。随着课程学习的不断深入，学习者可以不断通过协作交流、同伴互评等活动来构建知识。

五是自主性，指的是学习者在课程学习过程中，自己选择学习内容自定步调进行学习，较少受外界的约束或影响，更多依靠个人的主观努力，或在学习者自主建立的学习社区的帮助下进行学习，学习者的自主性充分得到实现。

表1-3 慕课与部分网络教学形式及传统教学形式的区别[1]

	慕课	网络公开课	网络兴趣小组	个人博客	传统课堂
学生数量	不受限	不受限	不受限	不受限	受限
学习时空	不受限	不受限	不受限	不受限	受限
课程内容覆盖范围	非常广	受限于网络社区的主题	受限于博主的学业领域	非常广	受限于学校已有的教育资源
教学资源	规范、完整、实时更新并受所有学员监督和纠正	零散、缺乏规范性、科学性及系统性	零散、缺乏规范性和系统性，受个人知识积累的限制	除教学视频外并无其他官方教学资源	规范、完整，但不保证为最新版本

[1] 张晶.我国MOOC发展现状及展望[J].软件导刊，2015，14（01）：156-158.

续表

	慕课	网络公开课	网络兴趣小组	个人博客	传统课堂
教学计划	完备	无	无	无	完备
教学讨论专区	有	有	有	无	无
作业及考试	有	无	无	无	有
助教	有	无	无	无	部分有
课程完成认定	有（证书认定）	无	无	无	有（学分认定）
费用	免费（部分认证服务收费除外）	免费	免费	免费	收费
课程更新通知	邮件通知	无	无	无	无

（二）慕课的发展趋势

慕课经过十多年的发展，已进入多元化阶段，并衍生出多种在线学习形态，这既是它适应信息化时代高等教育发展的必然结果，也是其旺盛生命力与超强传播力的有力表征，而这一切的源头正在于慕课技术本源的重要属性——创新。除了课程体系的不断更新，它的产品能力认证也在持续创新。基于此，我们可以预见，在未来不短的时间内，慕课对高等教育的变革还将持续深入。[①]

2019年9月，纪九梅、王宇、欧阳嘉煜、汪琼在发表在《中国远程教育》期刊上的文章《2018慕课发展概要与未来趋势——以Coursera、edX、学堂在线、Udacity和FutureLearn为例》中探讨了慕课未来发展的五大趋势。一是更多高校，更多产品与服务，吸引更多学习者；二是平台差异化运营，聚焦优势服务，精准定位用户；三是采用大数据、人工智能等新技术提升学习体验；四是更加关注讨论互动和学习社交的需求；五是

---

① 秦晓惠，张敬源.慕课发展十周年综述[J].高等理科教育，2018（06）：12-18+72.

重视慕课在混合教学中的应用。①

2022年5月，缪静敏、王宇、汪琼在发表在《中国远程教育》期刊上的文章《欧洲慕课发展趋势及启示》中分析总结了欧洲慕课的六大发展趋势。②

1.参与高校数量稳步增长，MOOC共享应用突出。2014年，在被调查的高校中提供MOOC的高校数量占47.8%（Jansen & Schuer，2014），到2019年该数字增长到了63%（Kluijfhoutet.al，2019）。MOOC的校际互认在欧洲已经在一定程度上得到施行。

2.MOOC发展动机与目标多样，与美国高校有明显差异。结合调查结果，高校发展MOOC的主要动力一方面是创新教学法、提升教育质量，另一方面是扩大受教育群体，提供灵活的受教育机会，满足学生技能与职业发展的需要，回应社会需求。同时，提升机构的知名度也是欧洲高校参与建设MOOC的突出目标。不少高校明确表示，建设MOOC的动机与财务原因没有太大关系，这也是欧洲高校与美国高校存在差异的地方。

3.MOOC价值获得认可，有助于推动欧洲高等教育发展。欧洲已经建立起共有的学分积累与转换框架（ECTS），为MOOC学习成果认证与转化方案的构建提供了基础性支持，提高了MOOC证书授予的可行性。此外，欧洲高校将MOOC看成是学习在线教学法的重要途径。

4.与国际平台合作趋势上升，推动课程在更大范围内共享。近年来，欧洲涌现出不少国际化平台，如英国推出Future Learn平台，法国上线FUN平台，西班牙推出MiriadaX平台等。

5.区域性合作交流意愿强烈，非营利共享成为共识。EADTU历年的调查结果都证实了欧洲高校在MOOC建设方面具有强烈的合作意愿。通过区域性的合作交流来促进MOOC在欧洲的发展已经成为欧洲高校的

---

① 纪九梅，王宇，欧阳嘉煜，汪琼.2018慕课发展概要与未来趋势——以Coursera、edX、学堂在线、Udacity和FutureLearn为例[J].中国远程教育，2019（09）：16-25.

② 缪静敏，王宇，汪琼.欧洲慕课发展趋势及启示[J].中国远程教育，2022（05）：34-40.

共识。

6.学分认证需求迫切，相应对策已经推出并取得初步进展。在2019年的调查中，受访者被要求按照重要程度对促进MOOC发展的各类可能因素进行评分。其中，公认的学分与认可政策获得了最多关注。欧洲也正在积极推动此类实践，2019年欧洲MOOC联盟推出的"通用微证书框架"就是具体落实策略。目前，在Future Learn等平台中已经明确列出了支持"通用微证书框架"的课程，并鼓励学习者进行选修和认证，这类课程的数量也在逐步增多。

同时，作者也就欧洲MOOC发展进行了反思，并就慕课的发展给出以下建议：完善良好的合作对话机制；注重平台与课程的国际化建设；开发MOOC质量保障与学分认证策略；利用MOOC促进教学创新与改革；强化MOOC的社会服务功能。

慕课运动的发展加速了优质高等教育的全球化，越来越多的学习者已经可以通过在线的方式获得学位了，社会（特别是用人单位）对在线学位的接受度也在不断提高。在学校之间的竞争中，开发慕课有利于增强学校自身的影响力。建设高质量的慕课不仅能给高校树立良好的口碑，提升知名度，还可以推进校内教学信息化，改进和提升校内学生的数字化学习体验。过去曾预言慕课将会对高校产生巨大的冲击，现在看来慕课并没有完全取代高等教育，而是找到了一些与传统高等教育并存且相得益彰的特色发展道路。但是无论慕课的发展趋势如何，慕课最初的四个关键要素仍旧是其不断创新和持续发展的基础，即大规模（Massive）、开放（Open）、在线（Online）和课程（Course）。慕课不应该是无人问津的开放教育资源存储库，也不是将某些学习者排除在外的受教育特权平台，而是能够惠及更多人的系统化人才培养基地。①

---

① 纪九梅，王宇，欧阳嘉煜，汪琼.2018慕课发展概要与未来趋势——以Coursera、edX、学堂在线、Udacity和FutureLearn为例[J].中国远程教育，2019（09）：16-25.

第二章 慕课对图书馆的冲击

一、中国慕课十年

习近平总书记在党的二十大报告中对加快建设教育强国作出一系列重要部署，强调"推进教育数字化，建设全民终身学习的学习型社会、学习型大国"。中国慕课建设自2013年起步，经过十年探索与实践，建设数量和应用规模均居世界第一。以慕课为抓手，高等教育在推进教育公平、促进国际交流、促进学习革命等方面取得显著成效，慕课已成为中国高等教育的亮丽名片。①

（一）中国慕课十年发展历程

2013年是中国慕课的元年。2013年，北京大学、清华大学、香港大学等高校加入在线课程平台，尤其是2013年10月中国慕课平台上线，拉开了中国高等教育慕课时代大幕。2014年，慕课在国内持续升温，于平台建设、课程建设和线上推广等方面有了较大突破。高校自主开发课程，并形成一阵热潮，例如上海交通大学推出"好大学在线"；深圳大学发起成立"全国地方高校UOOC（University Open Online Course）联盟"，并

---

① 吴丹，丁雅诵.技术赋能教育 共享高校资源[N].人民日报，2023-02-12（005）.

于2015年开始独立商业化运作，带动一批慕课制作公司涌入市场，形成早期的宣传推广模式。2015年，教育部发布《关于加强高等学校在线开放课程建设应用与管理的意见》，提出"高校主体、政府支持、社会参与"，成为我国慕课建设总方针。2017年，国家开始参与建设慕课，教育部推出了首批国家精品在线开放课程，并对以往建设的不足之处进行纠正：通过"课程应用案例"项目来落实"内容为王"的建设理念；通过将精品在线课程作为教师评价和晋升的重要参考，来改善教师参与动力不足的问题。2017年、2018年，连续推出1289门国家精品在线开放课程。2019年，中国慕课大会召开，发布《中国慕课行动宣言》，全面总结了中国慕课建设的重要经验和建设方案，国家一流课程"双万计划"启动，推动建设线上、线下、线上线下混合式、虚拟仿真实验教学和社会实践五大一流课程。① 2020年，"爱课程"和"学堂在线"两个在线教学国际平台推出，首届世界慕课与在线教育大会也在中国召开，广泛传播了中国特色、世界水平的在线教育主张，为世界高等教育发展贡献中国经验、中国方案、中国智慧。2021年，为了推进中西部高等教育的高质量发展，"慕课西部行"启动，推动高等教育领域教育公平和整体质量提升。2022年，教育部启动实施了教育数字化战略行动，在全面整合十年慕课与在线教育资源的基础上，建设上线了国家高等教育智慧教育平台。平台一期从全国5.2万余门慕课中遴选、汇聚了众多高水平大学、名师大家的2.7万门优质课程，覆盖高等教育全部14个学科门类、92个专业类，实现了全网好课一站搜索。②

（二）中国慕课十年发展成果

十年来，中国慕课遵循"高校主体、政府支持、社会参与"的发展方

---

① 吴岩.深入实施教育数字化战略行动 以教育数字化支撑引领中国教育现代化[J].中国高等教育，2023，（02）：5-10.

② 吴丹，丁雅诵.技术赋能教育 共享高校资源[N].人民日报，2023-02-12（005）.

式，坚持质量为王、公平为要、学生中心、教师主体、开放共享、合作共赢，通过集聚优势力量和优质资源建设适合中国国情的在线开放课程平台，支持具有学科专业和现代教学技术优势的高校开放共享优质课程，取得了丰硕的成果。作为慕课在中国发展的最早组织者和实践者之一，北京大学教授李晓明表示："中国慕课走过了一条由部分高校率先行动、政府扶持推广的道路。目前，就供给量和应用面来看，我国已经走在世界前列。"2022世界慕课与在线教育大会在线上召开。会上，时任教育部高等教育司司长吴岩介绍了我国慕课与在线教育发展的成就。吴岩指出，截至2022年11月，我国上线慕课数量超过6.19万门，注册用户4.02亿，学习人数达到9.79亿人次，在校生获得慕课学分认定达3.52亿人次，慕课的数量与学习人数均为世界第一。[①] 中国慕课自2013年起步，经过十年的探索与实践，建设数量和应用规模迅速跃居世界第一，成为我国高等教育的一张崭新名片。

　　慕课十年，数字化为高等教育插上腾飞翅膀；慕课十年，破大学围墙，助教育发展。中国慕课经过近10年的发展实践，在建用学管等方面取得了骄人成绩，不仅在课程建设数量和应用规模上迅速跃居世界第一，并形成了一整套包括理念、技术、标准、方法、评价等在内的改革方案，建立了慕课发展的中国范式。同时，以慕课为抓手，在深化教育改革、推进教育公平、提高教育质量、促进学习革命、应对疫情挑战、传播中国文化、促进国际交流等方面取得了显著成效。尤其是在新冠肺炎疫情期间，我国高校充分运用慕课等在线教学形式，开展了一场世界高等教育史上前所未有的大规模在线教学实践，不仅成功应对了新冠肺炎疫情带来的停教、停学危机，而且审时度势、化危为机，掀起了一场高等教育领域的"学习革命"。[②]

[①] 李诏宇.慕课十年：破大学围墙，助教育发展[N].科技日报，2023-02-08（006）.
[②] 吴岩.以数字化战略行动支撑引领高等教育高质量发展[J].教育国际交流，2023（1）：1-5.

1.精品慕课快速增长，示范作用显著增强。我国集聚优势力量和优质资源建设了适合中国国情的课程平台，并支持具有学科专业和现代教学技术优势的高校开放共享优质课程。截至2022年11月，我国上线慕课数量超过6.19万门，注册用户4.02亿，学习人数达9.79亿人次，在校生获得慕课学分人数3.52亿人次，中国慕课数量和学习人数均居世界第一。同时，教育部遴选认定了一批包括线上课程、虚拟仿真实验教学课程和线上线下混合式课程在内的国家级一流课程，对慕课建设与应用的发展起到显著的示范带动作用。

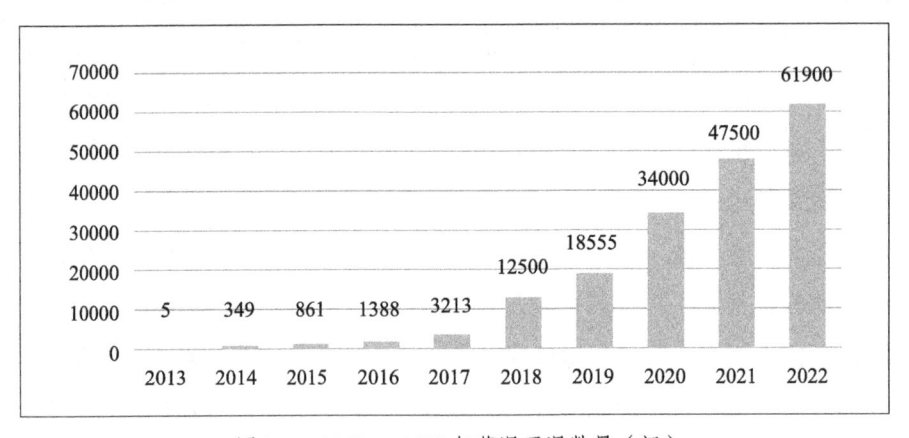

图 2-1　2013—2022 年慕课开课数量（门）

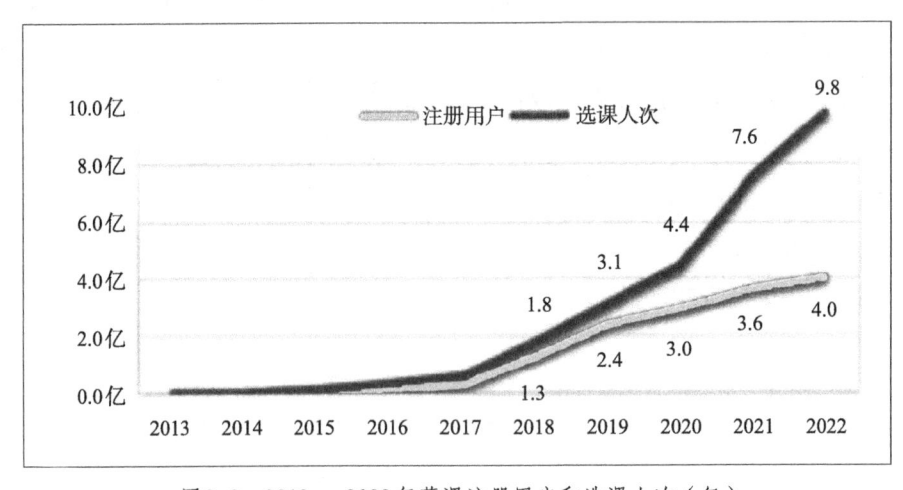

图 2-2　2013—2022 年慕课注册用户和选课人次（亿）

2.类型体系不断完善，教学改革深入推进。近年来，广大教师投入慕课教学改革的热情日益高涨。慕课在类型上已呈现出体系健全、类型多样、比重提高等特点，并实现学科类、专业类、学习层次的全覆盖。同时，依托慕课产生的新的教学模式和教学方法不断涌现，跨校跨区域在线教学、"1（门慕课）+M（所学校）+N（个学生）"协同教学、线上线下混合式教学等正在越来越多走进高校课堂。据统计，当前高校教师开展混合式教学的比例大幅提升，从新冠肺炎疫情前的34.76%提升至目前的84.21%。

3.优质资源加速共享，促进有质量的公平。教育部组织实施了"慕课西部行计划"，利用东部师资和资源优势，技术赋能、连接东西，通过慕课、线上线下混合式教学、"同步课堂""克隆班"等方式，不断提升西部高校教育教学质量。目前，东部高校已为725所西部高校提供了17.29万门慕课及小规模限制性在线课程（SPOC）服务，帮助西部地区开展混合式教学327.24万门次，参与学习的学生达3.76亿人次，西部教师接受慕课应用培训达171.4万人次。

4.制度规范不断健全，管理体系日渐成熟。教育部出台了《关于加强高等学校在线开放课程建设应用与管理的意见》，并指导高等学校教学信息化与教学方法创新指导委员会研制了《高等学校慕课建设与应用指南》等标准，激励广大教师积极投身教学改革与创新，强化在线学习过程和多元考核评价的质量要求。2022年3月，教育部、网信办、工信部、公安部、市场监管总局五部门联合印发了《关于加强普通高等学校在线开放课程教学管理的若干意见》，进一步明确了高校、平台、教师、学生及教育管理部门的主体责任。下一步，多个部门将共同加强管理，切实保障在线教学的网络安全、数据安全和运行服务安全。

5.国际交流持续深化，中国影响力显著提升。2019年，教育部组织召开中国慕课大会，发表了《中国慕课行动宣言》，总结凝练了慕课发展的中国经验。2020年12月，在教育部指导下，由清华大学与联合国教科文组织教育信息技术研究所共同主办的以"学习革命与高等教育变革"为主题的世界慕课大会召开,发布了《慕课发展北京宣言》。会上,由中国发起成立了世界慕课联盟(后改名为世界慕课与在线教育联盟),并把秘书处设在中国清华大学。此后,联盟连续三年举办世界慕课与在线教育大会,并在2022年世界慕课与在线教育大会上发布《无限的可能:世界高等教育数字化未来发展报告》,推出世界高等教育数字化发展指数,为世界各国准确把握数字化发展进程和态势、衡量其发展水平提供重要参考,标志着中国在世界高等教育数字化领域开始实现从跟跑到领跑、从学生到先生的角色转变。

6.建设国际在线教学新平台。2020年疫情期间推出了"爱课程"和"学堂在线"两个高校在线教学国际平台,入选联合国教科文组织全球教育联盟,向全世界大学生和学习者开放1000余门、14个语种的在线课程,全球累计选课达67万人次,向全世界传递中国高等教育最有温度、最有力量、最有穿透力的爱。慕课出海实现新突破,在世界慕课与在线教育联盟秘书处推动下,中国慕课扬帆出海,与印度尼西亚国家平台签署合作协议,中国34所大学为印尼提供104门高水平慕课,支持印尼3000多所高校学生的在线学习。联合国教科文组织亚太地区教育局教育创新与技能开发部主任汪利兵在《University World News》发表文章指出:"本次合作是优质教育内容与教学方式在国际流动方面取得的一项重要成就,有助于亚太地区高等教育优质资源获取、高质量和公平发展。"[1]

(三)慕课对高等教育的影响

十年间,慕课打破围墙,跨越时空,让知识走出了大学的围墙,为每一位学习者打造自己的终身学习大学。十年间,慕课数量增加了上万倍,注册用户增加了上百万倍。以慕课为牵引,中国推动高校持续深化教育教

---

[1] 吴岩.深入实施教育数字化战略行动 以教育数字化支撑引领中国教育现代化[J].中国高等教育,2023(02):5-10.

学改革，在全国高校掀起了一场学习革命，正在改变教师的教、学生的学、学校的管和教育的形态。① 实施"慕课西部行"计划，积极推动优质资源开放共享，促进更有质量的公平。特别是2022年中国教育部启动实施了教育数字化战略行动，利用丰富的慕课资源，建设上线了全球最大的国家高等教育智慧教育平台。平台与教学支持服务平台联合提供课程全过程服务，上线以来，访问总量达292亿次，选课学习接近5亿人次，已经成为中国高等教育提高质量、推进公平、改进方法、变革模式、深化合作的关键抓手。

2022年12月8日，学堂在线、爱课程与中国高校外语慕课平台共同承办的世界慕课与在线教育大会分论坛二"慕课十年——打造更具包容性的数字学习平台"成功举办，重点关注慕课十年的发展及其对高等教育变革和创新的作用。世界高等教育大会亚太地区后续执行委员会委员汪利兵与清华大学副校长彭刚为分论坛致开幕辞。

汪利兵指出，慕课作为提升教育质量、促进教育公平的有效工具，正在改变着高等教育的形态。慕课不仅意味着技术的创新，也意味着教学内容与方法的创新，他期待各方携手推动教学技术及优质教育资源共享，共建跨国界高等教育学习生态系统，让亚太地区的每一位学习者都能享受高质量的慕课。②

彭刚认为，慕课以其优质、共享、跨越时空的特点，为构建网络化、数字化、个性化、终身化的教育体系发挥了重要作用，以慕课为代表的在线教育引发了学习革命，推动了高等教育的变革与创新。③

韩筠认为，慕课对高等教育理念、教学方式和学习方式的变革与创新

---

① 曹若琪，徐燊，汪潇潇.数字化引领全球高等教育未来——2022世界慕课与在线教育大会主会议综述[J].中国教育信息化，2023，29（01）：82-95.

② 王帅国，吴博，徐一洁.慕课十年：打造更具包容性的数字学习平台——2022世界慕课与在线教育大会分论坛二综述[J].中国教育信息化，2023，29（01）：102-110.

③ 王帅国，吴博，徐一洁.慕课十年：打造更具包容性的数字学习平台——2022世界慕课与在线教育大会分论坛二综述[J].中国教育信息化，2023，29（01）：102-110.

产生的巨大影响，有力推动着高校教育教学改革与创新。从"以教师为中心"向"以学生为中心"转变，学生不再是被动的信息接收者和消费者，而是主动的知识应用者与创造者，教师也成为学科建设的建构者。慕课与新型教学环境的融通发展，不断推动着智慧教学工具、应用场景和互通应用模式的创新与发展。慕课的多场景应用，促使管理服务目标向以人为本转变，服务过程由人工化、模糊化向自动化、可视化转变，服务模式从层级化、粗放型向扁平化、专业化转变。①

王帅国表示，慕课十年，重塑高等教育。过去的十年，慕课发展非常迅速，对重塑高等教育生态起到了重要的作用。十年间，慕课打破围墙，跨越时空，让知识走出了大学的围墙，为每一位学习者打造自己的终身学习大学。他认为慕课以其优质开放、共享的特质，在建设公平和包容的教育体系和全球教育合作中发挥了重要的作用，慕课作为新型的力量正在重构传统的学历教育。他强调慕课在中国的发展，是中国信息化、数字化教育发展的一个缩影，慕课十年也是数字技术飞速发展，赋能重塑教育生态的十年。②

经过深入交流研讨，本次会议取得如下三点共识：③

一是慕课助推学习型社会建设。慕课让知识走出了象牙塔，满足了全年龄段、全人群的学习需求。主题报告环节所展示的学堂在线、爱课程、K-MOOC等平台，除了为在校大学生提供课程服务之外，同时也为社会人士、职场人士、企业组织、政府机构等特定人群提供定制学习资源，并逐渐完善学历证书认证等服务。慕课以其便利、优质、开放共享的特征，正作为新型的力量重构传统的学历教育，助力推动学习型社会建设。

---

① 王帅国，吴博，徐一洁.慕课十年：打造更具包容性的数字学习平台——2022世界慕课与在线教育大会分论坛二综述[J].中国教育信息化，2023，29（01）：102-110.

② 王帅国，吴博，徐一洁.慕课十年：打造更具包容性的数字学习平台——2022世界慕课与在线教育大会分论坛二综述[J].中国教育信息化，2023，29（01）：102-110.

③ 王帅国，吴博，徐一洁.慕课十年：打造更具包容性的数字学习平台——2022世界慕课与在线教育大会分论坛二综述[J].中国教育信息化，2023，29（01）：102-110.

二是慕课与在线教育赋能高等教育数字化转型。新冠肺炎疫情暴发以来，国内外慕课平台选课人数激增。与此同时，在线交互式课程教学和线上线下混合式教学成为高校教学模式的主流。以慕课为代表的在线教育正在重塑教育生态，助力高等教育数字化转型。

三是慕课平台助推优质教育资源共建、共享与全球合作。本次论坛中，参会嘉宾均提到推动国际化慕课平台建设及优质教育教学资源共建共享。慕课的建设与应用关系到高等学校、平台、教育科研机构、产业企业单位、教师、学生等不同机构和个体，需要精细化分工与多方通力协同。慕课平台需要推动多元化资源整合，优化课程与服务供给模式，提高慕课的应用成效，实现可持续发展，为教育教学改革提供有力支撑。

慕课的飞速发展，对重塑高等教育生态起到了重要的作用。数字化浪潮所带来的未来教育新图景日益清晰。"技术赋能教育，教育塑造未来。我相信，在我们的共同努力下，慕课与在线教育将朝着更加公平、更高质量、更有效率的方向发展，高等教育将实现智能化、个性化、终身化变革与重塑。"[1] 教育部高等教育司司长吴岩说。立足数字化时代，放眼未来，慕课将成为承载高等教育的学习范式、教学范式创新的重要载体，将深刻改变教师的教、改变学生的学、改变教育的管、改变教学的形态，将为持续推进高等教育领域的学习革命、质量革命，加快实现高等教育强国梦作出历史性贡献。[2]

（四）未来，慕课该如何走得更远呢？

李晓明围绕大学慕课做了大量的实践与研究工作。他认为，未来慕课应坚持三大发展方向：一是要让更多的人知晓慕课，营造有各种慕课可

---

[1] 张欣，程旭.教育数字化何以引领未来——2022世界慕课与在线教育大会观察[N].2022-12-10（1）.

[2] 张欣.打造中国高等教育"金名片"——我国教育数字化工作取得积极成效综述之二[N].2022-12-12（1）.

学、慕课能解决问题、慕课值得学的氛围；二是利用慕课资源改进大学的教育教学，弥补优质教育资源的不足，进一步提高教育质量；三是高举开放的旗帜，在开放二字上做好文章，让中国慕课掌握真正的制高点。①

郭英剑指出，依照目前的发展来看，慕课除了保持以往所具有的各种优势与特征之外，其未来的发展趋势主要体现在以下三个方面：一是慕课平台与表现形式更趋多样化；二是高校将会更多地接受慕课学分；三是网络大学带来革命性变化。②

此外，在一个全民学习、终身学习的时代，慕课要想继续发挥更大作用，必须进一步提高吸引力，提供更有价值的深度学习。平台差异化运营，聚焦优势服务，精准定位用户，采用大数据、人工智能等新技术提升学习体验，更加关注讨论互动和学习社交的需求。③一方面，要在优化交互体验、拓展应用场景等方面下更大功夫，让人们能够获得更多沉浸式、更具实感的在线学习体验。另一方面，要健全用户反馈机制，完善针对学习效果的科学评价，提高服务终身学习的能力与水平。

同时，"国家还应加强监管和政策支持，为慕课的发展保驾护航。"吴岩表示，2022年3月，为推动慕课和在线教学的健康有序发展，教育部联合中央网信办、工信部、公安部、市场监管总局发布了《教育部等五部门关于加强普通高等学校在线开放课程教学管理的若干意见》，提出了一系列规范管理举措。未来，进一步加强对慕课的监管，落实各方管理责任，推动慕课平台建立自我监督机制，维护良好的慕课教学、考核纪律，将使慕课教育在新的征程上行稳致远。④

有人曾预言慕课将会对高校产生巨大的冲击，现在看来慕课并没有取

---

① 李诏宇.慕课十年：破大学围墙，助教育发展[N].科技日报，2023-02-08（006）.
② 郭英剑.美国"慕课"的历史、现状、问题与未来[J].中国人民大学教育学刊，2021（02）：23-50.
③ 纪九梅，王宇，欧阳嘉煜，汪琼.2018慕课发展概要与未来趋势——以Coursera、edX、学堂在线、Udacity和FutureLearn为例[J].中国远程教育，2019（09）：16-25.
④ 李诏宇.慕课十年：破大学围墙，助教育发展[N].科技日报，2023-02-08（006）.

代高等教育，而是找到了一些与传统高等教育并存且相得益彰的特色发展道路。但是无论慕课的发展趋势如何，慕课最初的四个关键要素仍旧是其不断创新和持续发展的基础，即大规模（Massive）、开放（Open）、在线（Online）和课程（Course）。正如现在Coursera所倡导的理念：我们所设想的世界是无论何人何时何地，都可以通过获得世界上最好的学习经验来改变人生。① 这，已经与传统的高等教育使命与目标相一致。这，也应该是慕课未来的发展方向。②

（五）"后MOOC"时代

慕课在经历了2012年的辉煌之后，出现了发展的瓶颈。很多学者专家对其存在的问题进行了反思和批判，并提出了一些新型的在线课程模式，SPOC、SOOC、MOOR、MOOL、Meta-MOOC、Mobi MOOC、DOCC等新的在线课程模式不断涌现，它们有的是对MOOC的延伸，有的是修正MOOC的不足，成为MOOC在高校可持续发展的有效补充，标志着"后MOOC"时代的到来。哈佛大学教授Robert Lue认为，MOOC仅仅代表了在线教育的初始形态，而现在形势已经发生了变化，限制注册人数的SPOC是教育进入"后MOOC"时代的标志。③ 2013年7月30日，美国EDUCAUSE学习行动计划负责人Malcolm Brown在EDUCAUSE网站上也表示目前步入了"后MOOC"时期。④

---

① Jamie Beckett.Stanford Engineering Professors are Reinventing Online Education with Free Computer Science Courses that Employ New 'Teaching Technology [N].*Stanford News*，2011-08-16.

② 郭英剑.美国"慕课"的历史、现状、问题与未来[J].中国人民大学教育学刊，2021（02）：23-50.

③ Envisioning a 'Post-MOOC' Era[EB/OL].[2018-04-19].https：//www.edsurge.com/news/2013-08-13-envisioning-a-post-mooc-era.

④ Moving into the Post-MOOC Era[EB/OL].[2018-04-22].https：//er.educause.edu/blogs/2013/7/moving-into-the-postmooc-era.

表2-1 "后MOOC"时代的在线课程种类[1]

课程名称	英文名称及缩写	时间	提出者或组织者
大规模开放在线课程	Massive Open Online Courses（MOOC）	2008年	加拿大爱德华王子岛大学的Dave Cormier Bryan Alexander
小规模限制性在线课程	Small Private Online Course（SPOC）	2013年底	Armando Fox
小规模开放在线课程	Small Open Online Course（SOOC）	2012年10月	Heather M Ross
深度学习大规模在线开放课程	Deep Learning Massive Open Online Courses（DLMOOC）	2013年11月	Ben Daley
超大规模在线开放课程	Meta-Massive Open Online Courses（Meta-MOOC）	2014年1月	美国杜克大学的Cathy N. Davidson教授
个性化大规模在线开放课程	Personalized Massive Open Online Courses（PMOOC）	2013年	北亚利桑那大学的FreBrick M.Hurst教授
移动在线开放课程	Mobil Massive Open Online Courses（MobiMOOC）	2011年4月	比利时Ingatia DE Waard
大众开放在线研究课	Massive Open Online Research（MOOR）	2013年9月	加州大学圣地亚哥分校PavelPevzner教授及其团队
大众开放在线实验室	Massive Open Online Labs（MOOL）	2013年	Denis Gillet Hanjoo Kim
分布式开放协作课	Distributed Open Collaborative Course（DOCC）	2013年8月	Fem Tech Net

表2-2 "后MOOC"时代在线课程的开设机构、典型项目及特点[2]

课程名	开设机构或典型项目或课程名	特点
MOOC	Coursera、edX、Udacity、Future Learn(UK)	免费、开放、无限定人数、无入读条件限制

---

[1] 陈婧,谭丰隆,张丹."后MOOC"时期高校图书馆角色的延展与创新[J].图书馆建设,2020（02）：126-134.

[2] 陈婧,谭丰隆,张丹."后MOOC"时期高校图书馆角色的延展与创新[J].图书馆建设,2020（02）：126-134.

续表

课程名	开设机构或典型项目或课程名	特点
SPOC	出现于哈佛大学名为Copyright的课程。随后推广到加州大学伯克利分校、加州州立大学圣荷塞分校以及麻省理工学院等	免费、开放、有限定人数、有入读条件限制
SOOC	哈佛商学院	通过筛选学习者来缩小规模、无限制性准入条件
DLMOOC	High Tech High教育研究生院、MIT Media Lab、Peer to Peer University及Hewlett基金会	深度学习实践共同体
Meta-MOOC	出现于Coursera上名为"History and Future of Higher Education"课程	突破MOOC的常规做法，不仅是一门MOOC，而且是一个运动
PMOOC	出现于名为"个性化学习"的项目	学生自定学习步调，教师扮演导学/助学角色
Mobi MOOC	出现于论题为：移动学习的课程	借助于移动设备支持MOOC，将MOOC与移动学习进行整合
MOOR	出现于Coursera上名为"生物信息学算法"的课程	一次包含了大量的研究成分，去专家中心化、问题化学习
MOOL	出现于瑞士ReactGroup组织DenisGillet等人开展Maghrebi Open Online Labs项目以及EteRNA的大规模在线实验项目	能模拟真实实验室的实验
DOCC	出现于名为"Dialogues on Feminism andTechnology"的课程，有耶鲁大学、俄亥俄州立大学等15所大学参加	基于分布性知识的协作学习，使学习发生在整个参与者网络中

表2-3 "后MOOC"时代的在线课程优缺点评价[①]

课程名	优点	缺点
MOOC	受众广泛、成本低	完成率低、教学模式单一、缺乏分层的教学目标分析、证书认可度低
SPOC	有前置申请过程和严格的审批流程、规范和严格学习活动会更加灵活高效、测试更严谨	参与规模较小、影响力有限

---

① 陈婧，谭丰隆，张丹．"后MOOC"时期高校图书馆角色的延展与创新[J]．图书馆建设，2020，（02）：126-134．

续表

课程名	优点	缺点
SOOC	节约资源、筛选人数后能进行相对个性化的互动	小规模意味着开放无很大意义
DLMOOC	支持深度学习实践	问题的提出和解决有难度
Meta-MOOC	使学生和教师组成了学习共同体	学习流程的控制难度较大
PMOOC	突出个性化学习	存在众口难调的风险
MobiMOOC	打破了传统学习在空间上的限制	学习受移动终端设备的局限
MOOR	包含了大量的研究成分、将学习深化为研究	研究色彩过浓、不适用于大众教育
MOOL	有效模拟真实实验、降低实验成本；不受时空限制、支持随时做实验；实验过程可重复、可回放	和真实的实验仍然存在差异
DOCC	强调合作和交互，而非局限于知识传输	协调的难度加大

在教学方式和教学体制大变革的浪潮中，图书馆作为高等教育体系的资源知识支撑，自然也被纳入MOOC服务中。在MOOC兴起之初，高校图书馆就被推上变革的风口浪尖，"后MOOC"时代来临，多种形式的在线课程出现，高校图书馆面临的挑战愈加严峻。正视"后MOOC"时代图书馆面临的诸多挑战及其服务存在的系列问题，是高校图书馆在信息时代背景下再生的重要契机。要认识到MOOC和图书馆并不是此消彼长的对立关系，二者在实践中相互配合、互利共赢的同时，可以促进高等教育的发展。图书馆若抓住机遇，实现自身变革，便可改变近年来慢慢被边缘化的局面，同时MOOC也给高校图书馆带来了巨大的挑战，图书馆要一改以往的被动式服务局面，积极向主动嵌入式服务靠拢，不做教育改革的旁观者，切身体验和把握MOOC，感受MOOC给教育领域带来的巨大变

化，实现高等教育、高校图书馆、MOOC三者的共同发展。①

二、图书馆面临的机遇与挑战

中国慕课建设自2013年起步，十年来，遵循"高校主体、政府支持、社会参与"的发展方式，坚持质量为王、公平为要、学生中心、教师主体、开放共享、合作共赢，通过集聚优势力量和优质资源建设适合中国国情的在线开放课程平台，支持具有学科专业和现代教学技术优势的高校开放共享优质课程，取得了丰硕的成果。以慕课为牵引，中国推动高校持续深化教育教学改革，在全国高校掀起了一场学习革命，正在改变教师的教、学生的学、学校的管和教育的形态。

MOOC的横空出世，对传统教育模式产生了深刻的冲击，引发了教育方式方法的深度变革，被喻为教育史上的"一场数字海啸""一次教育风暴""500年来高等教育领域最为深刻的技术变革"。作为高校的重要辅助机构，图书馆具有支持教学科研、促进知识发现和创新、提供资源和服务的使命，面对MOOC带来的冲击，图书馆员应当具有全球视野，主动参与、积极协作，及时了解MOOC的发展动态，发挥自身优势，努力推动图书馆的服务创新。虽然图书馆不是MOOC的主导者，但可以积极参与其中，发挥自身职能服务本校师生。而且对于高校图书馆来说，为MOOC提供教学服务，有利于其在新型教育环境中争取发展空间，彰显自身价值。

2013年3月18日，OCLC举办了"MOOC和图书馆：众多的机会还是巨大的挑战？"专题研讨会，会议吸引了125名与会者和400多名在线参会者，对MOOC给图书馆和传统图书馆服务带来的影响与挑战进行了细致讨论。与会者从各个角度对MOOC与图书馆的关系进行了全面分析，

---

① 赵英，夏蕾."后MOOC"时代高校图书馆服务："1+4"完全服务模式构建[J].图书馆学刊，2020，42（05）：71-79.

包括MOOC环境中图书馆面临的机遇与风险；图书馆员在MOOC中的角色定位及职业前景；MOOC给图书馆带来的法律问题等。对于图书馆在MOOC中的地位，学界存在不同观点。有人认为图书馆参与MOOC为时尚早，时机尚不成熟；有人认为由于MOOC平台的限制（特别是Udacity平台），图书馆员很难真正参与；但是大部分学者认为，图书馆应当积极参与MOOC，并将发挥不可或缺的作用。[1]

1.韩炜认为，MOOC作为信息技术与教育理念融合的新教育范式，对高校图书馆来说是挑战，更是机遇。MOOC所塑造的新的学习关系给高校图书馆在角色定位、服务模式和管理方式等方面带来了全新的机遇和挑战。面对MOOC发展浪潮，高校图书馆不是要考虑是否参与的问题，而是要考虑如何参与的问题。全面分析面临的机遇与挑战，探究MOOC背景下的高校图书馆发展之路，是高校图书馆发展必须审视的重大命题，高校图书馆必须因时而动，将MOOC当作撬动新一轮图书馆变革的动力和支点。对于国内高校图书馆来说，要积极将为MOOC服务列入战略规划，推动建立跨学科多部门联合机制，提升馆员素质，加强MOOC资源建设，开展图书馆联盟，探索服务MOOC的最佳实践。[2]

2.刘丽萍认为，图书馆与MOOC本来有相同的理念，即将信息资源以最快捷和最廉价的方式提供给所需要的人，然而在MOOC诞生之初，图书馆在参与MOOC时就面临巨大的挑战。对任何事物来说，对它的挑战也是它新生的机遇。对图书馆来说也是如此。虽然MOOC的出现给图书馆带来了很大挑战，但这些挑战在某种程度上可以转换为图书馆的发展机遇。大学图书馆如果适时调整自己的服务方式和服务理念，会使大学图书馆服务的范围和深度得到大大的扩展。大学图书馆应当在现有的馆藏资源和信息技术的基础上，根据越来越多的MOOC学习者的要求提供实用、可持续发展的服务，从而令大学图书馆在MOOC所带来的教育浪潮中实

---

[1] 秦鸿.MOOCs的兴起及图书馆的角色[J].中国图书馆学报，2014（2）：19-26.
[2] 韩炜.面向MOOC的高校图书馆发展战略[J].图书馆学刊，2014，36（9）：112-115.

现新的发展。①

3.王红英认为，MOOC这一具有鲜明时代特征的新事物为高校图书馆的信息服务工作带来了机遇和挑战。在现代网络教育发展中，MOOC的兴起也为高校图书馆拓展了新领域，带来了新的发展机遇和发展空间。它为高校图书馆提供了新的资源访问平台，丰富了高校图书馆数字资源库，拓展了高校信息服务空间。作为高校图书馆，应时刻站在网络信息发展前沿，关注时代网络信息资源发展动态，提高对信息环境、信息资源及其价值的认知，在工作中不断探索和实践，思考和规划服务新资源的体系框架与策略，建立新的服务范式，不断为读者提供多样化、个性化、特色化的学习资源与信息服务支持，才能适应不断发展变化的读者信息环境，充分发挥高校图书馆的信息中心职能，紧跟信息时代发展节奏，实现读者信息服务工作的不断创新。②

4.武丽影、马英、孙雅欣等认为，MOOC的兴起，引发了高等教育教学方式方法、教育体制的变革，给高校图书馆带来机遇的同时也带来挑战。挑战主要体现在以下五个方面：高校图书馆用户结构改变；高校图书馆的服务方式丰富化；改变了教育资源；高校图书馆的功能被弱化；高校图书馆馆员素质面临挑战。高校图书馆作为教育科研的重要部门，要从拓宽高校图书馆服务范围，促进资源共享；积极推广MOOC；加强高校图书馆资源建设；加强高校图书馆馆员素质建设四个方面提高高校图书馆的地位。③

赵英、夏蕾认为，随着"后MOOC"时代来临，多种形式的在线课程出现，高校图书馆面临的挑战愈加严峻，主要体现在以下六个方面：社

---

① 刘丽萍.慕课时代大学图书馆的挑战、机遇与对策[J].图书馆学刊，2015，37（2）：19-22，29.

② 王红英.MOOC环境下对高校图书馆信息服务工作的思考[J].图书馆工作与研究，2015（2）：32-35.

③ 武丽影，马英，孙雅欣等.高校图书馆在MOOC环境下的发展策略[J].江苏科技信息，2016（21）：14-15，18.

会认同度有待提高，MOOC建设伦理风险犹存；图书馆"信息桥梁"角色被忽视，馆员继续教育任重道远；图书馆资源结构亟待更新，规范化版权管理模式尚未形成；在线课程种类纷杂，课程评估机制不健全；学员结构庞杂，信息贫富差距增大；课程辍学率居高不下，师生有效互动不足。[1]

陈哲认为，"慕课"对于高等教育和高校的影响日益扩大，在此背景下，高校图书馆作为高校教学、研究的重要辅助部门，高校图书馆服务同样面临着巨大的冲击和挑战。主要体现在以下四个方面：图书馆资源服务方面，高校图书馆目前的馆藏资源正由以纸质资源为主向以数字资源为重点的转变过程中，还没有形成对各类资源进行"大数据"整合处理的平台，因此很难满足"慕课"学习者线下学习的需要；图书馆学科服务方面，图书馆员的学科结构、年龄结构、学历结构、职称结构不尽合理，很难满足"慕课"浪潮下师生读者专业化、个性化的信息需求；图书馆技术服务方面，高校图书馆的数字化建设虽然已经具有相当规模，但还不具备对高校图书馆数字资源及高校图书馆联盟数字共享资源及相关服务信息资源等海量的非结构化信息数据进行"大数据"处理的能力，很难为"慕课"学习者提供个性化的"大数据"分析处理信息技术服务；图书馆信息素养教育方面，虽然信息检索课已经在各高校普遍开设，但各高校信息检索课的课时较少、学分较少，教学内容和方法也相对单一，信息素养教育的教学效果并不理想，学生的信息获取水平和信息处理能力还有待提升。[2]

慕课汹涌的浪潮无疑对高等教育形成了巨大的冲击。高校图书馆只有预先感受MOOC这种教育革命带来的冲击，改变传统的以课外服务为主的服务模式，主动利用新的趋势学习新技能，发现新内容，构建适应

---

[1] 赵英，夏蕾."后MOOC"时代高校图书馆服务："1+4"完全服务模式构建[J].图书馆学刊，2020，42（05）：71-79.
[2] 陈哲."慕课"对高校图书馆服务的冲击与挑战[J].现代情报，2015，35（2）：137-139.

MOOC环境的高校知识资源整合与共享平台，并以教学馆员的身份嵌入教师课程团队，以助教馆员的身份嵌入学生学习过程，才能在不断变化的教育环境中以最有效的方式提供最好的服务，使高校图书馆能够真正适应在线高等教育的高速发展，从而改变在学校教学支撑中日益边缘化的状态，彰显高校图书馆在未来高等教育中的独特价值。

三、图书馆角色定位探析

那么，对于大学附属机构的大学图书馆及图书馆员，慕课的涌现究竟意味着什么呢？图书馆员角色又将有哪些变化？面对慕课，图书馆应该逃避、无视？还是积极加入、做好准备以支持慕课的顺利发展？作为现代高等教育的一部分，大学图书馆又应该如何调整自己以适应环境，从而抓住变革时代中的机遇为自己赢得发展呢？这是每个大学图书馆人都需要认真思考的问题。在这场充满了机遇和挑战的变革中，大学图书馆若能抓住机遇，充分融入其中并发掘自己新的核心价值，将会有助于融入当代高等教育的主流发展趋势，从而改变在学校教学支撑中日益被边缘化的状态，为有效提升整体影响力及地位赢得机会。支撑学校师生的教与学本来就是大学图书馆的核心职责之一，不管是在校园还是在网络中，大学图书馆虽然不是主导者，但必须成为积极的参与者。那么，大学图书馆在这一浪潮中应该怎样定位自身的服务呢？

2012年6月，弗吉尼亚理工大学图书馆馆员 Brian Mathews 发表博文，对MOOC主流环境下的馆员工作提出建议，认为馆员可以通过参与MOOC的建设，提升图书馆的地位和影响力，[①] 成为研究MOOC背景下图书馆服务的先行者。2013年9～12月，美国图书馆协会（ALA）图书

---

① Mathews B.MOOC Fluency-Some Advice for Future Librarians.[2013-10-18].http：//chronicle.com/blognet work/theubiquitouslibrarian/2012/06/27/mooc-fluency-some-advice-for-future-librarians/.

馆藏与技术服务分会（ALCTS）举办了主题为"为MOOC做准备：为什么图书馆应该关注"的网络研讨会，旨在帮助图书馆员了解MOOC运动的复杂性，学习如何辅助学生和教师参与MOOC，熟悉与MOOC有关的版权和知识产权要求，了解MOOC的前景等。①MOOC的出现同样引起了我国图书馆界的关注。MOOC的产生，对图书馆信息服务模式和内涵发展势必产生前所未有的影响和挑战，提出与MOOC高水准教学相匹配的高信息保障能力要求。图书馆应抓住机遇，探索如何将图书馆的资源与特长应用于MOOC，以全新的方式适应MOOC的概念，创新、延伸并加强图书馆服务，在MOOC教学环境下找准自己的定位，发挥出自己应有的作用。②

1.关于MOOC环境下的图书馆角色与定位，哈佛大学HarvardX院长R.Lue说："在MOOC背景下，在通过整合材料而创建新的学习经验方面，教师把图书馆视为关键合作伙伴。并且，图书馆和图书馆员可以为那些希望更深入地探索知识的学生提供重要参考和指导。"可见在MOOC环境下，图书馆已不应仅仅是一个信息资源存储、加工、组织和利用的机构，而应是一个MOOC信息搜集、分类、编译、推介等服务角色的承担者。

2.陆波认为，MOOC环境下图书馆的角色应定位于：一是MOOC运动的倡导者，图书馆是MOOC运动的最佳倡导者和发展推动者之一；二是MOOC资源的共享者，通过教学资源、学习资源、教师资源的共享与开放来完成MOOC教育中最大可能的资源展示；三是信息素养培训者，用户的信息素养与信息技能可能存在问题，而这些问题的最佳解决者无疑就是图书馆；四是学习空间提供者，图书馆不但有着充足的服务空间，也有着相关的服务经验与服务理念，因此，MOOC背景下的图书馆也是学

---

① 罗博.大规模在线开放课程（MOOC）与高校图书馆角色研究综述[J].图书情报工作，2014（3）：130-136.

② 于爱华.MOOC时代背景下的图书馆服务模式创新研究[J].图书馆学研究，2014（21）：81-85.

习空间提供者。①

3.陈婧、谭丰隆、张丹等对"后MOOC"时代高校图书馆的角色进行分析认为,"后MOOC"时代,高校图书馆的角色创新将面临更多的挑战,可以从七个方面入手进行角色延展与创新。一是学习导航师,面临的新挑战是课程数量更多、门类更复杂;二是课程评估师,面临的新挑战是异类课程评价标准不一致、评价难度更大;三是知识能力拓展师,面临的新挑战是对隐性知识的开发能力的要求更高;四是学习生涯规划师,面临的新挑战是需要对学生的学习生涯进行全程指导;五是版权管理服务师,面临的新挑战是异类课程版权管理方式不一,更难管理;六是课程内容提供师,面临的新挑战是提供在线课程的种类更多、开发难度更大;七是课程数据存储师,面临的新挑战是异类课程数据内容、文档格式等不一。②

4.李念认为,高校图书馆在MOOC环境下会发挥更大的功能和作用,高校图书馆会不断更新定义、更新践行,在MOOC发展过程中不断重设高校图书馆自身定位。一是MOOC运动倡导者、高校MOOC教育领导者;二是MOOC资源共享者、学习空间提供者;三是课程制作与评估者;四是信息素养培训者;五是版权清理师。③

5.刘丽敏认为,图书馆在MOOC服务中的角色及功能定位是:一是版权顾问;二是资源导航;三是教学支持;四是信息素养教育。④ 吴海华认为,高校图书馆在慕课中扮演的不同角色是:一是慕课运动的倡导者;二是慕课资源共享者;三是信息素养培训者;四是课程资源创造者;五是

---

① 陆波.MOOC环境下的图书馆角色定位与服务创新[J].图书与情报,2014(2):123-126.

② 陈婧,谭丰隆,张丹."后MOOC"时期高校图书馆角色的延展与创新[J].图书馆建设,2020(02):126-134.

③ 李念.高校图书馆在MOOC环境下的角色定位[D].安徽大学,2015.

④ 刘丽敏.国外图书馆在MOOC服务中的角色定位及发展策略[J].现代情报,2016,36(04):137-141.

空间提供者。① 秦鸿认为，与传统网络公开课相比，图书馆在MOOC中扮演着五种重要角色：一是版权顾问；二是信息素养培训师；三是多媒体制作指导师；四是学习场所提供者；五是课程内容提供者。② 容军凤认为，图书馆在MOOC服务中的角色及功能定位是：一是MOOC推广；二是信息素养培训；三是版权支持服务；四是MOOC学习场所提供；五是资源向导。③ 袁军认为，图书馆将在MOOC环境下发挥重要作用并扮演以下角色：一是MOOC教育的宣传者与推广者；二是信息资源导航；三是信息版权顾问；四是信息素养教育者。④

笔者综合国外及国内公开发表的文献，总结出高校图书馆在慕课中扮演的不同角色，主要包括：

1.MOOC教育的倡导者，宣传与推广者；

2.MOOC学习空间提供者；

3.MOOC资源共享者；

4.信息素养教育培训者；

5.课程制作与评估者；

6.信息资源导航；

7.版权顾问。

四、图书馆员角色定位探析

在大学图书馆迎接MOOC浪潮、积极参与MOOC的过程中，高校图书馆员也面临着角色定位、创新服务的机遇与挑战。要让图书馆与慕课有

---

① 吴海华.慕课环境下高校图书馆的角色定位及创新服务[J].河南图书馆学刊，2015，35（05）：29-30+38.

② 秦鸿.MOOCs的兴起及图书馆的角色[J].中国图书馆学报，2014（2）：19-26.

③ 容军凤.MOOC背景下的图书馆角色再造[J].图书情报导刊，2018，3（10）：13-18.

④ 袁军.MOOC环境下高校图书馆的角色定位及发展策略[J].河南教育（高教），2016（12）：41-43.

机结合，拓展图书馆传统服务的新生长点，高校图书馆馆员应该充分认识到在慕课时代，馆员可以做什么，应该怎么做。图书馆员在支持开放教育资源中应如何抓住契机，在MOOC发展浪潮中发挥重要作用，从而在变革时代同步发展，这是每个高校图书馆员都应该认真思考的问题。作为大学图书馆员也应该积极行动起来，主动承担使命，勇于探索实践，挖掘时代赋予馆员的诸多潜在角色，切实将可能的各项服务开展起来，实现馆员公众地位和社会价值的再次回归。2013年3月18日和7月12日，在线计算机图书馆中心（Online Computer Library Center，OCLC）组织了两场"MOOC和图书馆员"的主题会议[1][2]，会议专门讨论MOOC带给图书馆及图书馆员的挑战。作为图书馆的主要组成部分，图书馆员在帮助学生熟悉MOOC平台的过程中将扮演重要的角色。[3]

C.Barnes认为，MOOC环境下图书馆员的作用包括：一是版权清理；二是内容授权；三是提醒MOOC开发商开放内容；四是确保所有用户可以获取MOOC内容，包括辅助技术的使用；五是提供信息素养教育；六是鼓励开放许可的使用等。[4]沈利华、田稷认为，MOOC中大学图书馆员可以从几个方面着手开展服务、发挥作用、承担职责。一是版权事务指导；二是信息素养培训；三是多媒体制作咨询；四是参与慕课课程。[5]龚雪竹认为，图书馆员可从以下几方面迎接MOOC的挑战：一是熟悉MOOC平台，作为馆员教育平台；二是制作MOOC课程导航；三

---

[1] MOOC and Libraries：Massive Opportunity or Overwhelming Chanllenge? [EB/OL].[2013-11-16].http：//www.oclc.org/ research/ events/2013/03-18.html.

[2] MOOC and Libraries：The Good, the Bad and the Ugly[EB/OL].[2013-11-16].http：//www.oclc.org/ research/ events/2013/07-12.html.

[3] Barnes C.MOOC：The Challenges for Academic Librarians[J].*Australian Academic &.Research Libraries*.2013（3）：163-175.

[4] Barnes C.MOOCs：The Challenges for Academic Librarians[J].*Australian Academic & Research Libraries*，2013, 44（3）：163-175.

[5] 沈利华，田稷.MOOC浪潮中的大学图书馆及馆员[J].情报资料工作，2014（5）：100-103.

是参与制作MOOC课程；四是组织线下见面会。[①]马坤对MOOC时代高校图书馆员的潜在角色进行了探讨，认为慕课运动中的高校图书馆馆员主要有以下几种角色：一是慕课资源的学习者；二是可以以知识管理专家、嵌入式信息素养培训师、MOOC课程的制作者等身份成为MOOC教学团队的重要成员；三是以MOOC资源采访员和MOOC资源编目员的身份对MOOC资源进行网络导航；四是慕课资源的推广宣传者。[②]叶阿娜认为，在MOOC环境下，高校图书馆员应从以下几个方面发挥服务作用：一是体验MOOC课程，成为信息向导者；二是利用LibGuides平台整合MOOC课程资源，成为资源导航员；三是提供信息素养教育培训；四是参与MOOC课程制作。[③]杨帅对MOOC环境下高校图书馆馆员的角色进行探讨认为，MOOC环境下图书馆馆员的角色是：一是课程内容建设的参与者；二是版权清理顾问；三是信息资源向导；四是教学进程的辅助者；五是课程的整合者。[④]张素芳、郭磊、杜进等对MOOC浪潮中高校图书馆员的角色进行了探析，认为MOOC环境下图书馆员的角色是：一是MOOC课程的学习者；二是MOOC课程的提供者；三是MOOC理论的研究者；四是MOOC建设的支持者；五是MOOC资源的推广者；六是MOOC服务的开拓者。[⑤]刘淑贤认为，"慕课"环境下高校图书馆员也面临着角色定位、创新服务的机遇与挑战。她认为，MOOC环境下图书馆员的角色是：一是知识集成与内容嵌入合作者；二是"慕课"版权与开放

[①] 龚雪竹.图书馆员应对MOOC的策略[J].图书馆工作与研究，2015（4）：109-112.

[②] 马坤.慕课环境下高校图书馆馆员角色认知[J].新世纪图书馆，2015（6）：37-40.

[③] 叶阿娜.高校图书馆员应对MOOC发展的策略探讨[J].泉州师范学院学报，2015，33（4）：109-112.

[④] 杨帅.面向MOOCs的高校图书馆员角色探讨[J].大学图书情报学刊，2016，34（6）：27-30.

[⑤] 张素芳，郭磊，杜进.MOOC浪潮中高校图书馆员的角色探析[J].大学图书情报学刊，2016，34（3）：41-44.

获取资源导航者；三是信息素养促学者；四是自主学习体验引导者。①

五、图书馆应对策略探析

在教学方式和教学体制大变革的浪潮中，图书馆作为高等教育体系的资源知识支撑，自然也被纳入MOOC服务中。在MOOC兴起之初，高校图书馆就被推上变革的风口浪尖，"后MOOC"时代来临，多种形式的在线课程出现，MOOC所塑造的新的学习关系给高校图书馆在角色定位、服务模式和管理方式等带来了全新的机遇和挑战。高校图书馆如何抓住机遇，采取什么应对策略，如何调整自己以适应MOOC环境，将图书馆的资源优势最大化地应用到MOOC中去，以全新的姿态来迎接MOOC这场教育大变革，是每个馆员必须深思、应对与行动的问题。

傅天珍、郑江平在2014年就高校图书馆应对MOOC挑战的策略进行了探讨，他们认为，高校图书馆应从以下几个方面创新服务：一是多途径嵌入信息素养教育，尝试提供MOOC课程；二是深化教学参考系统的建设，提供课程资源导航；三是关注版权和内容许可，促进教学资源的无障碍获取；四是倡导知识共享和开放式许可，鼓励获取使用开放资源。此外，他们还认为，图书馆参与MOOC应关注以下几方面的问题：一是重视MOOC的发展，并把MOOC环境下的教学服务列入图书馆战略规划中；二是提升学校领导及教学部门对图书馆参与的重要性认识，主动联系教师和教务处、信息中心等机构以促成跨学科多部门合作机制；三是积极切入MOOC课程开展的最初阶段，使图书馆真正成为教学团队中的一员；四是加强馆员队伍的素质建设，要求馆员以学生的角色参与一到两门MOOC课程的学习，提高其对MOOC的认识，激发其在MOOC领域的工作积极性；五是收集资源使用方面的基础数据，通过有效性测试和变化

---

① 刘淑贤．"慕课"下的高校图书馆员角色定位与素养培育[J].图书情报研究，2017，10（01）：36-40.

趋势分析了解用户的使用行为，为评估和改进教学参考资源组织或信息素养教育课程设计等服务做参考；六是加强图书馆界的交流和合作。通过考察、培训和工作经验分享等形式交流馆员在MOOC环境中的解决方案，共同商讨高校图书馆参与MOOC教学的最优策略。①

黎梅、郭广军、谢丽珍在分析MOOC给高校图书馆发展带来的机遇与挑战的基础上，认为面对高校MOOC发展，高校图书馆应采取如下应对策略：一是调整服务慕课定位，创新服务慕课举措；二是倡导推广开发慕课，政校企行支持慕课；三是提供慕课版权服务，确保慕课资源合理；四是建设慕课信息共享空间，开放共享慕课资源；五是参与慕课开发制作，开设信息素养课程；六是提供慕课技术支持，管理维护慕课平台；七是协助慕课评估考核，及时优化慕课结构；八是加强慕课队伍建设，提升馆员慕课素养。②

邓李君、杨文建在分析大学生慕课使用意愿影响因素的基础上，提出了以下几个方面的图书馆应对策略：一是提供便利条件，辅助完善平台功能。高校图书馆可以从以下几个方面入手，助力大学生使用MOOC：（1）提供MOOC学习所需设备与空间。（2）扩大校园WIFI覆盖面。（3）整合资源，建立导航。二是组建指导部门，推动学生使用MOOC。高校图书馆可以从以下几个方面入手提升大学生使用MOOC意愿：（1）组建导学和语言服务组。（2）组建学科服务组。（3）组建综合管理组，负责收集、整理、反馈学生意见，组织学生交流、讨论、动手实践等。三是宣传典型实例，促成理性认识。高校图书馆可以从以下几个方面入手，通过正面影响大学生的社会认知推动大学生对MOOC的使用：（1）遴选学生中的成功学习实例进行宣传。（2）邀请"明星"教师开展网上见面会或实时教

---

① 傅天珍，郑江平.高校图书馆应对MOOC挑战的策略探讨[J].大学图书馆学报，2014，32（1）：20-24.

② 黎梅，郭广军，谢丽珍.MOOC背景下的高校图书馆应对策略研究[J].图书馆，2015（9）：99-102，106.

学。(3)联合MOOC平台进行课程资源宣传。四是了解学生需求,引导学生学习。高校图书馆可以从以下几个方面入手,促进其合理利用MOOC:(1)联合院系教师筛选和推介MOOC课程。(2)引导学生的选课和学习行为,以平衡课堂教育与在线教育。①

陈哲就"慕课"对高校图书馆服务的冲击与挑战进行探讨,他认为,图书馆必须正视信息服务的变化,积极转变管理思维和服务理念,拓宽图书馆员的服务视野,提升图书馆员的职业精神和业务素质,主动嵌入式积极服务于"慕课"课程,为"慕课"课程提供高水平的智慧化服务;并提出高校图书馆服务的创新对策:一是优化图书馆馆藏资源结构,加强馆际合作,促进优势资源共享;二是积极转变管理理念、服务理念,做到嵌入式、主动服务;三是加强馆际交流,积极构建专家咨询平台,提供高质量的学科服务;四是加强高校图书馆硬件设施建设,完善图书馆技术服务体系;五是加强信息素养教育和培训,提高学生的素养水平。②

陆美面对MOOC给高等教育带来的巨大冲击,分析图书馆在MOOC环境下面临的挑战与机遇,结合美国图书馆界对MOOC的认识、讨论以及多角度支持的实践,探讨了高校图书馆如何服务于MOOC:一是课程支持,除提供课程技术方面的支持和帮助外,高校图书馆还可结合课程特点提供课程资源使用、快速适应新的授课形式等方面的咨询、交流和指导。图书馆还可深度嵌入课程,与教师合作,共同分析学生可能出现的信息方面的问题并做出解答,形成FAQ或指南性文字资料供学生们参考。二是信息素养培训,图书馆员可以通过多种途径为学习者提供信息组织和管理的专业知识,帮助他们识别信息、满足信息需求,并通过教育和培训等多种形式提高其信息素养和相关技能。此外,还应充分利用社交媒体,

---

① 邓李君,杨文建.大学生慕课(MOOC)使用意愿影响因素与图书馆应对策略[J].图书馆论坛,2016,36(8):119-125.
② 陈哲."慕课"对高校图书馆服务的冲击与挑战[J].现代情报,2015,35(2):137-139.

尤其是发挥即时沟通、咨询功能，进一步改善与师生的联系、拓展学习社区。三是教学参考资源建设，MOOC倡导的问题导向、自主学习、主动探索，要求教学参考资源更趋向于数字化，体现为知识关联、富媒体、社交化，并集学习工具于一体来发现知识，这让开放式数字教参资源建设显得尤为重要。四是版权支持，借鉴美国图书馆的实践经验，国内图书馆可以从四个方面入手：（1）在版权法的范围内使用教学材料。馆员提醒教师使用版权许可范围内的内容，如果涉及未得到授权或许可的材料，图书馆则出面与第三方洽谈，寻求授权或许可。（2）提倡资源的合理使用，寻求并拓展内容许可范围。包括解读中国著作权法描述的"合理使用"，呼吁各高校图书馆形成合作联盟与出版商进行谈判，创建新的访问模式及定价方案，以扩大资源的许可范围等。（3）成为MOOC教师可以信赖的版权咨询专家。在熟悉中国著作权法的基础上，认真参考ARL发布的《高校和研究图书馆合理使用最佳实践指南》，善用其"合理使用"的实践经验，结合中国实际情况，帮助师生解读、参考，克服侵权的恐惧及因此造成的创新和学术进程受阻。（4）利用数字资源管理DRM技术，对电子图书进行加密和授权，根据纸质书目的复本数授权电子书的复本数，合理使用数字副本，使图书馆馆藏资源为MOOC所用。[①]

刘丽萍基于慕课时代大学图书馆的挑战、机遇，从图书馆和图书馆员两个方面探讨了MOOC环境下大学图书馆的对策：一方面是大学图书馆自身的调整，（1）成为MOOC学习者的信息站点，大学图书馆首先应将自己作为整个信息网络的一个站点，慕课学习者能够从这个站点获得任何与自己学习相关的内容。（2）突破传统图书馆的限制，满足校外学习者的信息需求，MOOC使更多的学习者参与到大学课程中，MOOC的开放性与大学图书馆资源限制性共享现状之间的矛盾成为MOOC学习者的主要障碍。（3）将信息服务扩展至整个社会信息网络，图书馆应当调整信息

[①] 陆美.美国图书馆应对MOOC的策略及启示[J].图书馆，2015（3）：49-52.

的服务方式，使图书馆的服务实现信息网络的全面覆盖。（4）提供全方位的信息咨询服务，在MOOC时代，大学图书馆面对的学科专业问题将大大增加，图书馆首先要充分开发和利用本馆的馆藏资源和图书馆馆际互借网络，根据MOOC课程需要对资源进行整合以备需要，其次要根据需要调整学科馆员人数和专业配备，以满足新的需要。另一方面是对图书馆员的新要求，（1）熟悉MOOC，为了有效地为学习者服务，图书馆员应首先熟悉MOOC是如何运作的，至少应参与一两门MOOC学习以获得相关经验。（2）成为网络信息化交流平台的信息集散地，为了能够更好地服务MOOC学习者的信息需求，图书馆员不能坐等学习者来对其进行询问，而应主动参与其讨论，甚至成为其进行网络信息交流的中心，在学习者问题产生之时就能解答其疑问。同时，图书馆员也可以设立话题，引导学习者进行相关提问，以达到最好的学习效果。（3）成为课程学习中的问题终结者，为了能够有效地解决学习者的问题，学科馆员必须首先加强自身专业学习以便随时面对MOOC学习者提出的各种专业问题，至少要深刻了解能够解决学习者问题的信息路径。①

  魏有庆在解释MOOC的概念及其特征基础上，分析了MOOC对传统高等教育的影响，探讨了MOOC背景下高校图书馆的应对策略：一是高校图书馆要用战略思维与MOOC携手并进。MOOC的到来，为高校图书馆带来了更宽阔的发展前景。高校图书馆要从发展战略上重视与MOOC相互依存的亲和关系。在MOOC浪潮中，高校图书馆扮演着版权顾问、信息素养培训师、多媒体制作指导师、学习场所提供者、课程内容提供者等积极角色。二是高校图书馆要制定缜密战术积极应对MOOC挑战。通过举办报告会、讲座、沙龙等形式，优先开展MOOC推介服务，让学习者了解、学习、使用MOOC。设计制作MOOC课程指导影像视频，挂到校园网主页上，帮助学习者利用图书馆资源解决MOOC学习中的难题。

---

① 刘丽萍.慕课时代大学图书馆的挑战、机遇与对策[J].图书馆学刊，2015，37（2）：19-22，29.

三是高校图书馆要强力嵌入MOOC研发过程。图书馆员一要做MOOC学员，可选择若干在线课程学习，既能实现继续教育充电，又可摸清课程脉络，为自行开发及推介MOOC做好准备；二要做MOOC的创建员，将信息素养教育课程（如文献检索课）制作成MOOC，嵌入校园网，供读者学习使用，并通过交流不断充实完善；三要做MOOC的导航员，编辑MOOC学习指南，指导学生使用MOOC；四要成为教师制作MOOC的协作员，为教师提供相关信息资源帮助。四是高校图书馆要着力解决MOOC合理使用版权问题。国内外的高校图书馆几乎都承担着版权咨询和审核服务职能，在服务过程中要着力解决合理使用版权问题。①

笔者通过分析国内公开发表的文献，结合问卷调查和访谈进行数据分析，在此基础上提出图书馆在MOOC时代的应对策略。

1.重视MOOC的发展，并把MOOC环境下的教学服务列入图书馆战略规划中，提升学校领导及教学部门对图书馆参与的重要性认识，主动联系教师和教务处、信息中心等机构，以促成跨学科多部门合作机制，共同宣传推广使用MOOC。

2.加强馆员的探索学习精神，提高对资源的整体把握能力。图书馆应鼓励馆员探索性学习，提高资源推荐的整体把握能力，特别是学科馆员，更应该根据自己服务的学科选择几门课程，融入该课程里，成为该课师生的同学、合作者，工作起来会更加得心应手。此外图书馆员要强力嵌入MOOC研发过程，既要做MOOC的创建员，又要成为教师制作MOOC的协作员，为教师提供相关信息资源帮助。

3.为学生提供MOOC学习环境和硬件支持服务。图书馆可提供计算机、网络、移动学习设备等，还可以为学生提供指定的MOOC学习场所，将有利于MOOC的推广。扩大校园WIFI覆盖面，扩大WIFI覆盖面有利于降低大学生的网络使用成本，从而促进他们对MOOC的运用，在推动

---

① 魏有庆.MOOC背景下高校图书馆应对策略研究[J].图书情报导刊，2016，1（1）：68-70，75。

校园学习条件建设的同时，进一步改善图书馆的服务环境。

4.提供课程推荐服务，把课程推荐纳入资源推荐的重要部分。首先，要根据学生的需求在繁多的优秀MOOC课程中挑选出适合他们学习的课程，并将开课的学校、课程名称、开课时间、任课教师等信息通过海报、微信、QQ等推送给学生以供学生选择学习。其次，学科馆员应该嵌入MOOC课程，以学习者的身份与在校学生互动，发现学生在学习中遇到的困难，为他们提供解决问题的方法，帮助他们完成课程。

5.MOOC学习资源建设。充分利用图书馆资源建设和服务的优势，整合网络上的MOOC课程资源和馆藏文献资源乃至开放获取资源。主要包括MOOC课程资源和学习参考资源。MOOC课程资源的获取需要采取多种灵活的方式，如搜索引擎查找、学校专家学者推荐、访问国内外著名大学和科研机构的网站等。学习参考资源主要包括参考性的图书、期刊资源、开放获取资源以及多媒体资料、数据库、增强型电子书等超媒体形式知识资源。

6.加强信息素养教育和培训，提高学生的素养水平。图书馆员可以通过多种途径为学习者提供信息组织和管理的专业知识，帮助他们识别信息、实现信息需求，并通过教育和培训等多种形式提高其信息素养和相关技能。此外，还应充分利用社交媒体，尤其是发挥即时沟通、咨询功能，进一步改善与师生的联系、拓展学习社区。

7.MOOC学习QQ群、微信群建设和学习小组建设。QQ群和微信群具有使用率高、成本低、信息传递快等优势，作为一种网络学习的载体，目前QQ群和微信群已被广泛用于为在线学习者提供学习支持。图书馆要主动把他们召集起来，成立MOOC学习组，鼓励学习组成员相互帮助、相互学习，交流MOOC学习的心得体会。

8.着力解决MOOC合理使用版权问题。国内外的高校图书馆几乎都承担着版权咨询和审核服务职能，在服务过程中要着力解决合理使用版权问题。

9.加强图书馆界的交流和合作。通过考察、培训和工作经验分享等形式交流馆员在MOOC环境中的问题解决方案，共同商讨高校图书馆参与MOOC教学的最优策略。

第三章　慕课背景下图书馆服务创新与实践

一、新生入馆教育

（一）新生入馆教育概述

1.新生入馆教育

新生入馆教育也叫馆前教育，是指图书馆对新生开展图书馆基础知识和利用方法的启蒙教育。[①] 它是高校图书馆基础工作之一，是大学生利用图书馆的启蒙教育，同时也是提高读者整体信息素养的基础环节，是信息素养教育课程的一个重要组成部分。入馆教育不仅是学生了解图书馆基本情况、服务内容、服务方式的重要途径，也是学校图书馆做好读者工作的重要起点。入馆教育有利于加强图书馆和新生之间的互动、交流，通过入馆教育，新生不仅可以全面地了解图书馆，熟悉图书馆各类信息资源和设施，提高信息素养、培养良好阅读习惯、树立终身学习观念，还有利于提高图书馆的管理效率和服务水平，是图书馆提高服务质量的重要方式之一。

[①] 都平平,邓志文,徐淑娟等.自助式新生入馆教育的理念与系统实现——以中国矿业大学自助式新生入馆教育平台为例[J].大学图书馆学报,2016（5）：103-109.

2. 传统新生入馆教育不足之处

高校图书馆通常采用发放宣传资料、参观讲解、集中讲课等传统方式，在指定时间和地点分批对大学新生进行入馆教育培训。这种传统的新生入馆教育在过去取得了显著的效果，但随着数字化服务、移动服务的蓬勃发展，传统的新生入馆教育逐渐失去了吸引力和效力，主要表现为：

①教育内容繁多，缺乏针对性。由于时间关系，入馆教育讲授的内容非常有限，显得很空洞，学生难以识记；且不同学历层次、不同学科背景的学生需求也不尽相同，不能很好地照顾到个体的需求。

②缺乏与新生的互动。由于每次入馆教育，图书馆员都要面对数量众多的新生，以教师单向讲解为主，很难调动起学生的积极性，学生没有参与其中的感觉，实际上处于一种被动的状态，难以取得良好的教学效果。

③后续服务工作缺乏。入馆教育工作一般是在较短时间内完成的，一般情况下，培训之后就不会进行后续服务，因此，很多新生在接受培训之后仍然不会检索和借阅图书。

④无法很好地展示数字化图书馆。传统的入馆教育方式无法很好地展示数字化图书馆的内容和建设成果，必须得通过后续的多个专场培训，才能让学生了解图书馆的数字化资源及其利用方式。

⑤对生活在互联网时代的大学生缺乏吸引力。当前的新生，都是出生于互联网时代，他们的信息获取方式和需求已经发生了巨大的变化，更习惯足不出户通过电脑、手机等设备利用搜索引擎、社交网络和电子商务获取信息和各类服务，传统的教育模式缺乏吸引力。[①]

3. 新生入馆教育的发展

当前是一个信息化和网络化的时代，网络技术的发展和应用，使图书馆向数字化、网络化和虚拟化发展，高校图书馆应更加有效地开展新生入馆教育服务，图书馆新生教育也应从有形向无形转变，积极借鉴新的传播

---

① 王小强.新生入馆教育形式的转变及自助开通借阅权限的实践——以暨南大学图书馆为例[J].图书馆学研究，2013（14）：56-59，72.

媒介和手段，创新服务理念与方法，把握用户需求、服务时代需要，将独特的创意思维和创意策划应用到图书馆实践工作中来，使图书馆的服务宗旨得以充分实现，以更好地服务读者，不断提高图书馆的竞争力。

近年来，我国高校图书馆也对传统的入馆教育形式进行了不同程度的创新，各图书馆在设计入馆培训时都比较重视自学方式，通过入馆教育，新生能够尽快熟悉图书馆的空间结构及座位、图书相关使用规则，了解图书馆的资源，进而顺利融入大学生活。微信公众号上线以来，很多高校图书馆都开通了官方公众号并基于微信公众平台提供移动服务。近几年，随着直播、视频（含短视频）平台、虚拟现实技术（VR）和增强现实技术（AR）的不断发展，高校新生入馆教育的形式迎来了更大创新和变革。如武汉大学图书馆游戏"拯救小布"拉开了国内高校图书馆入馆教育游戏闯关的序幕，提高入馆教育的趣味性，可以吸引新生，激发其学习兴趣；西安交通大学图书馆的全景布局VR、上海交通大学图书馆的新生专栏"云游交图"，为新生全面直观地了解图书馆的布局、服务和资源提供了更好的视觉展示效果。[1]

当前，借助新媒体进行新生入馆教育成为顺应时代潮流的趋势，是图书馆与时俱进地创新服务的体现。高校图书馆可以从以下几个方面改进新生入馆教育。

①重视新媒体的宣传效果，提升用户关注度。尽量让每位新生都关注图书馆微信公众号及微博账号；加强公众号黏度，避免用户流失；入馆教育信息标题要醒目，能体现入馆教育信息的连贯性，吸引新生关注；完善微信公众号菜单中的功能；引导新生养成浏览图书馆微信与微博的习惯。

②广泛应用新技术，增添入馆教育的趣味性。制作入馆教育微视频或微课，与时间冗长、乏味的传统入馆教育视频相比，微视频短、快、精，辅以生动形象的动漫卡通，学生在短时间内就能掌握知识；开发自助式入

---

[1] 魏小贞，朱丹，刘景莲.新媒体环境下新生入馆教育实践与思考——以河北经贸大学图书馆为例[J].河北科技图苑，2021，34（6）：60-63，73.

馆教育系统，图书馆可委托商用软件开发符合本馆特色的入馆教育系统，达到教育形式多样化，方便新生自主学习；借助人工智能辅助入馆教育的参考咨询工作，能实现24小时实时咨询，及时解答新生问题，减少新生在使用图书馆过程中的挫败感。

③完善并整合入馆教育信息，打造一站式平台。首先，将图书馆微信公众号与图书馆主页的"新生专栏"信息进行整合，打造一站式教育平台，再生成能满足多路径访问的唯一入口链接，即新生无论从微信、网页或微博都可直接访问到同一个入馆教育平台，有效避免选择途径的困惑。其次，能实现跨平台运行，即支持在WINDOWS系统、安卓系统、IOS系统等主流系统运行。运行环境能兼容电脑、微信公众号、手机扫码、触摸屏等。最后，将一站式教育平台嵌入到图书馆微信菜单与图书馆主页上。图书馆微博置顶信息内容是"入馆教育平台"文字介绍并附上入口链接，新生点击链接便能直接访问入馆教育平台。

④合理安排入馆教育的开始时间，引导新生通过新媒体自助学习入馆知识。各馆开展入馆教育工作通常在新生入学后，会出现时间紧、任务重、培训师资不足等问题。为缓解上述情况，入馆教育开始时间可提前至入学前，利用假期引导新生自助学习图书馆知识，将入馆教育宣传资料与录取通知书一同寄出。

⑤增设新生反馈通道，及时汇总分析入馆教育问题。专门为新生开设反馈通道，这体现出图书馆的个性化服务原则。新生反馈通道可直接开设在入馆教育平台、图书馆微信或官网上。通过反馈通道能及时摸清新生的需求，了解新生掌握知识的程度，进而调整入馆教育策略。它为新生后续信息素养教育方案的制定提供参考依据，还为下届新生入馆教育提供经验。[1]

---

[1] 孙玉艳.新媒体环境下新生入馆教育的调查与分析——以"双一流"大学图书馆为例[J].图书馆学研究，2019（15）：75-83.

（二）开展MOOC模式新生入馆教育意义

MOOC是一种新型教学模式，融合了最新的教学方法与教学技术，具有大规模、在线性、开放性、交互性、模块化、富媒体化等特点，为高校图书馆新生入馆教育的创新改革提供了新契机与新思路。高校图书馆开设新生入馆教育MOOC，不仅可以弥补传统新生入馆教育的不足，而且契合读者学习需求的新特征，符合高校图书馆服务社会化的大趋势。在新生入馆教育中引入MOOC模式已是大势所趋，构建和实践网络化、模块化、微视频化的MOOC模式，是提升新生入馆教育效果、推动图书馆服务创新的迫切需要。构建MOOC模式的新生入馆教育在数字图书馆时代具有现实意义。

1.缓解经费、教室等资源紧张矛盾。开展MOOC模式新生入馆教育既可以充分利用优质教学资源，解决培训场地和培训资源缺乏的问题，减少培训教师的课堂讲课时间，还有助于图书馆工作人员更好地分配时间与学生进行互动、答疑。

2.加强师生之间的互动。MOOC模式线上线下学习结合的特点使缺乏与新生的互动这一问题得到较好的解决。新生在线学习时，学习交流即时进行，评价与反馈及时，新生有疑问时可以在网上与学习同伴或教师进行实时交流。

3.实现长效持续教育。MOOC课程是网络资源，一旦制作完成并上传到网络，新生很容易在网络上找到，即使是在某一个时间段新生没有完全领会某一课程，也可以再次上网学习。新生可以经常复习以前学过的内容，增进理解，温故知新，MOOC模式可实现长效持续的新生入馆教育。

4.实现全国高校图书馆新生入馆教育的资源共享。高校新生入馆教育的教学内容具有高度相似性，全国各高校绝大部分图书馆都已实现了数字化、自动化管理，数字图书馆功能介绍成为入馆教育中极为重要的内容，各馆的"机构设置""馆藏布局""读者须知"等几乎都是通行模式，这些相同的教学内容完全可以通过MOOC模式实现全国高校图书馆新生入馆教育的资源共享。[1]

5.提升高校图书馆新生入馆教育的效果。MOOC的碎片化教学特点更适合新生入馆教育的要求，新生入馆教育的教学目标是要求新生了解图书馆资源并掌握如何利用图书馆资源，这与其他课程要求达到一定深度与广度不同，它的侧重点在于馆藏资源介绍及检索技能的学习与掌握，MOOC碎片化教学反而更有利于新生自学有关内容。

（三）构建MOOC模式新生入馆教育

前面，我们已经论述了高校图书馆开设新生入馆教育MOOC，不仅可以弥补传统新生入馆教育的不足，而且契合读者学习需求的新特征，在数字图书馆时代具有现实意义，符合高校图书馆服务社会化的大趋势。在新生入馆教育中引入MOOC模式已是大势所趋，构建和实践网络化、模块化、微视频化的MOOC模式，是提升新生入馆教育效果、推动图书馆服务创新的迫切需要。那么，如何构建MOOC模式的新生入馆教育？

1.在图书馆主页设置新生入馆教育平台，该平台应该是集"选课（选取学习模块）——学习（观看视频）——课后练习——互动（在线讨论和互动问答）——考试（网上答题）——在线自动评分——开通图书借阅证权限"于一体的动态系统。依靠慕课平台，新生首先在平台上注册个人账号，根据注册信息提供的邮箱账号及学号对应每个新生本人，而学号则与借阅证号相关联，这是新生考核的唯一身份认证。图书馆通过新生提供的邮箱账号及其手机号码，以发送邮件（或者以手机移动终端提供的微信形式）方式进行学习过程的实时管理（如学习进程、活动组织、作业等信息的提醒和发布）。课程资源发布在慕课平台上后，采取两种方式的在线学习，一是面对新生的相应固定周期的学习方式，这种方式需要新

---

[1] 李沛.基于MOOC模式高校图书馆新生入馆教育研究[J].河南图书馆学刊，2017，37（1）：51-53.

生按要求在规定时间内完成相应的入馆教育内容,没有按规定时间完成的将直接影响到最终的考核成绩,而考核成绩未能达到要求的将提供补修机会(新生补修期间,借阅证部分权限将受到影响),直至考核达标通过。另一种方式是面对全校读者的无时间限制的课程浏览方式,学校的任何类型读者均可在注册账号后,根据需求登陆慕课平台按内容主题浏览课程资源。①

2.梳理细化新生入馆教育内容,提炼知识点模块。对原有新生入馆教育内容进行分解,如图书馆概况、纸质资源利用、电子资源利用、图书馆特色服务、文明读者等,将这些板块内容层层分解,形成知识点清单,同时应保证一个知识点只讨论一个话题或一个问题,由此形成的知识点相对应的视频时间可控制在3~5分钟间,形成文字稿以不超过2500字为宜。同时,为方便管理和使用,还需要制定知识点的编码规则。

3.制作或整理视频资源。教学视频是MOOC的核心部分,在梳理细化新生入馆教育模块后,就需要以视频为主要载体,录制新生入馆教育培训的具体内容。可采用人性化的"情景模拟"表现教育主题,教育培训馆员在现实场景里采用边讲解边演示的方法呈现教育内容。按照知识点清单对这些资源进行归类并编制知识点对应编号。

4.建立知识点的问题清单,以模拟传统课堂模式中的提问环节,建立新知识与旧知识的联系,提醒学生回想刚学的知识、概念。可将问题清单对应教学视频进行编号保存后,采用嵌入视频的方式进行课堂小测验。

5.列出相关知识点的讨论话题或讨论材料,并一一对应具体知识点。

6.列出练习题和布置作业,可根据实际需要设置客观性质的练习题或主观性质的作业,并准备相应的标准答案或评分标准。经过后期技术处理的教学视频以及与教学视频内容密切相关的练习题、考试题,经审核无误后,供新生在线学习、练习、考试。

---

① 罗铿.MOOCs模式下信息素养教育课程的变革——以新生入馆教育为例[J].图书馆学刊,2015,37(10):78-82.

7.规范学习流程与考试认证。在线学习与考试流程大致如下：

①新生用自己的学号登录新生入馆教育平台。

②选择主题模块进行在线学习。

③进入练习区做练习题。

④学习或练习中如果有疑问，可以在互动区提问，接受辅导。

⑤进入考试区答题，系统自动从试题库中抽取一套题目。

⑥系统自动评分，85分以上为合格。

⑦考试合格后，新生入馆教育平台将合格者信息转入图书馆自动化系统开通图书借阅权限。不合格者则继续参加在线学习、考试，直到考试合格。①

高校新生入馆教育新模式——MOOC模式的构建，可使高校新生人数多、分校区多、入馆教育培训难以集中统一安排的问题迎刃而解，完善了以往以讲座或主题教育活动为主要形式的传统模式所欠缺的课程组织模式，使其更具有层次性和组织性。这种集教、学、练、考、评等功能于一体、网络化与多媒体化特征鲜明的教育培训模式，契合了成长于互联网时代的大学新生的学习特点，符合学生的学习规律，可以提高学生对图书馆相关知识及技能的掌握效果。

二、信息素养教育

（一）信息素养概述

1.信息素养。信息素养（Information Literacy）是全球信息化背景下人们学习、工作、生活必备的一种基本学习技能。信息素养这一概念最

---

① 李彩云.高校新生入馆教育MOOC模式研究——以广东石油化工学院图书馆为例[J].情报探索，2016（1）：113-115.

早是美国信息产业协会主席保罗·泽考斯基于1974提出来的。① 1989年美国图书馆学会（American Library Association，ALA）界定信息素养为：能够判断什么时候需要信息，并且懂得如何去发现获取信息，如何去分析和利用所需信息。② 信息素养教育（Information Literacy Instruction，ILI）是旨在培养学员的信息意识、丰富学员的信息知识、提高学员的信息获取处理能力、培养学员的信息品德的一种有关信息方面的素养教育。③

随着信息技术以及社会的不断发展和进步，信息素养的原有定义已无法应对技术与人文环境发生的巨大变革。对信息素养内涵推陈图新的呼声日益强烈。2015年4月12日，美国图书馆协会（ALA）发布了《2015美国图书馆状态报告》，报告显示，图书馆不再只是藏书之所，更被视为社区支柱、学术生活重心、科研成果培育基地。随着访问数字媒体的美国家庭不断上升，数字素养教育作为图书馆的一项重点服务正在持续增长。④ 数字素养教育已逐步成为时代赋予图书馆的新使命。

2.信息素养教育。信息素养教育的变革已引起国际上多个组织机构的共同关注。2014年9月，联合国教科文组织（UNESCO）指出：大学、大众传媒对于公民的媒介与信息素养（Media and Information Literacy，MIL）教育亟待加强；2014年8月，国际图联（IFLA）年会的信息素养卫星会议指出：信息素养与终身学习正在经历一场变革，Web2.0、移动科技、新媒体等数字信息对信息素养提出了新的要求。⑤

2015年9月，教育部办公厅关于征求对《关于"十三五"期间全面深

---

① 罗文华，唐芬芬.大学生阅读素养、媒介素养及信息素养教育融合的可行性分析[J].图书馆理论与实践，2015（3）：80-83，112.

② ALA.Introduction to Information Literacy[EB/OL]. [2014-10-30].http：//www.ala.org/acrl/issues/infolit/intro

③ 黄如花，钟雨祺，熊婉盈.国内外信息素养类MOOC的调查与分析[J].图书与情报，2014（6）：1-7.

④ 国家图书馆研究院.美国图书馆协会发布《2015美国图书馆状态报告》[J].中国图书馆学报，2015（3）：59.

⑤ 黄如花."信息素养教育与MOOC"专题引言[J].图书与情报，2014（6）：1.

入推进教育信息化工作的指导意见(征求意见稿)》的意见的通知中强调:习近平主席在致首届国际教育信息化大会的贺信中指出要"积极推动信息技术与教育融合创新发展"、以教育信息化"构建网络化、数字化、个性化、终身化的教育体系,建设'人人皆学、处处能学、时时可学'的学习型社会",为信息化教育发展指明了方向。[1]

(二)我国的信息素养教育

技术的快速发展、知识媒体的不断创新,向人们的信息素养能力提出了更多的要求。国内外正在以崭新的视角来定义信息素养教育。数字素养、媒体素养和视觉素养已成为信息素养教育变革的主要方向。随着时代的发展、科技的进步,信息素养教育被注入新元素,皆使信息素养教育能够与时俱进,并实现与时代的和谐发展。信息素养教育的目的是使每个人都具有独立获取、处理、应用和辨别信息的能力。在信息形式、信息承载方式、信息传递途径发生巨变的当下,如何培养对新的信息驾驭能力,已成为信息素养教育变革以及重新定位亟待思考和突破的重点。[2]

自1984年教育部印发《关于在高等学校开设文献检索与利用课的意见》的通知以来,高校图书馆就一直承担信息素养培育工作,信息素养教育已成为高校图书馆的一项重要服务内容。随着时间的推移与社会环境的变化,高校图书馆信息素养教育经历着持续不断的变革与发展。信息素养教育的生存在于改革,不仅是教学内容和教学对象的改革,而且包括教学方法和教学技术的改革。经过多年的努力,我国信息素养教育取得了长足的发展,积累了丰富的教学经验,形成了独立的教学体系和教学模式。

国内高校信息素养教育是由早期的文献检索课和计算机教育发展而来

---

[1] 教育部办公厅.教育部办公厅关于征求对《关于"十三五"期间全面深入推进教育信息化工作的指导意见(征求意见稿)》意见的通知[EB/OL].http: // www.moe.edu.cn/src-site/A16/s3342/201509/t20150907_206045.html,2015-09-30.

[2] 董岳珂.MOOC视角的信息素养教育探析[J].现代情报,2016,36(1):131-134.

的，高校图书馆是其中坚力量。高校图书馆针对大学生开展信息素养教育的方式主要有三种：

1.用户培训讲座，内容多以如何利用图书馆资源为主，最常见的有新生入馆教育及各类专题讲座。

2.近年兴起的嵌入式信息素养教育，即图书馆与院系合作，将信息素养教育嵌入到专业教学中，更加有针对性地解决学生在专业学习过程中遇到的信息获取方面的难题。

3.最常见的一种是图书馆开设相关的信息检索课程，以教授书目系统及各种数据库的检索方法为主，学生可在空余时间进行实践练习，但上课仍需统一在教室进行。

（三）传统信息素养教育不足之处

在高校开设大学生信息素养课程，不仅能够培养大学生的信息检索技能、图书馆素养、媒体素养、计算机素养、因特网素养、数字素养和研究素养等，而且能够培养大学生对现代信息环境的理解能力、应变能力以及运用信息的自觉性、预见性和独立性，从而提高综合素质。但是在当前开放网络环境下，传统信息素养教育的弊端日益凸显。

1.对信息素养教育重视不足、学生信息检索能力较弱。一方面大多数高校没有意识到信息素养教育在当今社会的重要性，更没有从宏观上构建层次合理、普及性强的信息素养教育体系。另一方面，学生自身对信息素养教育也不重视。很多学生信息意识薄弱，也不注重信息获取能力的提高，对于学校组织的各种信息素养教育活动，学生参与的积极性也不高。众多因素导致很多学生信息能力较弱，有些学生连基本的馆藏资源都不能充分利用，更谈不上利用信息资源进行再创造了。

2.教学内容单一，缺乏完善的课程标准和评价体系。当前我国诸多高校图书馆信息素养教育还以信息检索课程为主，注重数据库和馆藏资源检索应用，教学内容单一和陈旧，未对读者深层需求进行挖掘，导致信息素养教学效果不能达到预期。尽管目前我国开始积极建设信息素养评价体系与标准，但是成效并不显著，只建设了区域性标准体系与专业性标准体系，还未构建出具备普遍指导意义的标准评价体系，导致很多高校的图书馆信息素养教育欠缺完整的教学大纲与评价考核标准，不能制定统一的教学内容与目标，造成各高校教育水平良莠不齐，制约信息素养教育长足发展。

3.教学模式亟待创新，无法达到预期的教学效果。当前，我国很多高校仍旧采用传统的教学方式，教师占据课堂主体位置，学生被动接受教师所讲解的知识点，尽管课上有答疑解惑环节，但是受时空限制，无法做到面面俱到，课下又很少进行互动，教学方法的滞后性，导致学员学习兴趣不高，无法调动其学习潜能，进而导致教学效果不佳，无法达到预期。[①]

（四）MOOC与信息素养教育

1.信息素养教育MOOC化。MOOC的大规模性、开放性、互动性、灵活性等特点给高校图书馆信息素养教育的变革发展带来了新机遇，高校图书馆信息素养教育MOOC化具有必要性，不仅可弥补传统信息素养教育的不足，而且契合读者学习需求的新特征、符合高校图书馆服务社会化的大趋势。已有的信息素养MOOC课程也为高校图书馆信息素养教育的变革发展树立了标杆。实现MOOC与信息素养教育的有机结合是当前信息素养教育的一个大趋势，高校图书馆要在借鉴国内外信息素养MOOC课程实践以及其他非信息素养MOOC课程实践成功经验的基础上，结合自身馆情以及所在学校的校情，采取不同的模式实现信息素养教育的MOOC化，从而让MOOC成为传统信息素养教育的有益补充，有效地推动信息素养教育的长足发展。

---

① 侯万凤，王冶.MOOC应用背景下图书馆信息素养教育研究[J].信息记录材料，2020，21（1）：64-65.

2.信息素养教育MOOC化研究。国内最早关于信息素养教育MOOC的论文《大学生信息素养教育的"慕课"化趋势》发表于2014年《大学图书馆学报》上，潘燕桃首次对国外信息素养教育慕课的建设情况进行了系统调研，强调要充分重视MOOC这种教学模式在信息素养教育中的应用，并明确提出开设系列大学生信息素养MOOC是大势所趋。

黄如花教授的研究团队在《图书与情报》《高校图书馆工作》发表了"信息素养教育与MOOC"系列专题论文，对MOOC环境下信息素养课程开设的现状、课程设计、评分标准、需求分析、质量反馈等问题进行了全面系统的调研和论述，这些论文被广泛下载和引用，从而推动整个行业对MOOC这种新型教学模式有了更深入的了解。2015年中国图书馆学会年会开设了"MOOC与信息素养教育"的分会场，与会人员就信息素养MOOC的教学平台、教学设计、教材教参、实践经验交流等问题进行了专题探讨，对于推动信息素养教育MOOC理论与实践的发展具有重要作用。①

3.MOOC给信息素养教育带来的新机遇。传统的信息检索课受空间限制，教育覆盖面较窄，受师资力量和水平的限制教学效果难以提升，而MOOC课程以其在线开放、大规模、随时随地学习的特点，弥补了传统信息素养教育的不足，给信息素养教育带来了生机。MOOC课程集合了多种媒体资源，融合多种电子格式，汇集了各种视频、音频、图像资料，整合了一切可利用的教学资源，教学方式灵活多样。无论是教学内容还是授课形式，MOOC较传统教学方式都有较大提升。它既有传统课堂教师讲授，又有创新合作化教学、趣味式游戏化教学以及各种形式的混合式教学；既有集中课堂讲授，又有分散式个性化课后作业；既有全程在线答疑解惑，又有平台供学员学习、交流互动。灵活多变的教学方式、丰富多彩的内容激发了青年学生的好奇心和求知欲望，让他们在不知不觉中接收新

---

① 张丹.MOOC环境下我国信息素养教育研究综述[J].图书情报工作，2016，60（11）：143-148.

知识，提高了教学效果。①

（五）高校图书馆开展MOOC信息素养教育策略

在MOOC环境下，高校图书馆无论是借鉴其平台、理念抑或是资源，都能为传统的信息素养教育注入新的活力。然而在此实施过程中仍然面临不少挑战，包括观念问题、制度问题、馆员能力问题等。高校图书馆开展MOOC环境下的信息素养教育首先需要解放思想，转变观念，正确看待MOOC并积极参与其中；其次，图书馆和学校层面也要制定配套的政策和措施，然后需要从馆员再培训和人力资源配置两方面提升馆员的素质和能力，而最终合作共享，是MOOC环境下高校图书馆信息素养教育转型升级的必由之路。②

MOOC以其无可比拟的优势给高校图书馆信息素养教育注入了新活力。高校图书馆开展信息素养教育MOOC建设不仅是大势所趋，而且更是实现信息素养教育可持续发展的重要途径。当前，我国高校图书馆信息素养MOOC建设已经起步，并取得了一些成绩，但是仍然存在诸多不足，有着很大的发展与提升空间。高校图书馆应不断完善自身条件，结合自身馆情以及所在学校的校情，因时制宜、因地制宜，以合适的方式参与到信息素养MOOC建设的浪潮中。高校图书馆利用MOOC提升大学生信息素养的策略包括：

1.构建专业化教学团队来创建信息素养MOOC课程。高校图书馆有培养大学生信息素养的责任，MOOC环境下的信息素养教育更能提升教学质量。完整的MOOC课程需要主讲人、助教和相关技术人员共同完成，主讲人负责授课内容和视频讲解，课程中的教学视频、片段剪辑、网络技

---

① 陈德云，王军，范莉萍.基于MOOC的信息素养教育创新策略[J].河北科技图苑，2019，32（2）：84-87，74.

② 邓佳，詹华清.MOOC环境下我国高校图书馆信息素养教育模式研究[J].现代情报，2015，35（12）：37-40，46.

术支持等需要相关技术人员参与完成，助教则在学习小组讨论和教学考核中起衔接和协助教学的作用，MOOC的制作需要专业化教学团队来完成。

2.配备专有资金保障信息素养MOOC课程制作。信息素养MOOC课程的制作无论在硬件设施和师资团队的配备上都需要大量经费的投入，如视频的制作需要专有设备，后期剪辑合成需要专门的应用软件，师资团队需要进行培训等，这些都需要经费扶持才能完成。图书馆领导应重视MOOC发展，将MOOC环境下的信息素养教育纳入图书馆战略发展规划，加大专有资金的投入，保障信息素养MOOC课程的顺利实施，使高校图书馆对大学生信息素养教育得以可持续性发展。

3.创建多样化的信息素养MOOC课程。MOOC时代为高校图书馆的信息素养教育开辟了新的道路，高校图书馆应抓住机遇，将MOOC理念与信息素养教育进行融合，创建内容丰富、形式多样的信息素养MOOC课程。与传统意义上学生去固定教室听老师讲课的教学方式相比，MOOC课程不受地点、时间限制，同时其丰富的教学内容和每单元精简的教学时间更能体现出优越性。MOOC课程将每个知识点设置为单个短小视频，教学时间比传统教学时间短，能确保学生注意力集中。另外，教学视频中有授课老师精彩讲解、微电影以及形象生动的实例演示等，教学过程中穿插着单元测试、互动交流的学习讨论等。信息素养教育强调操作性和实用性，这种多元化的教学方式能更有效地理论联系实际，从而大幅度提高信息素养教学质量。

4.建立完整的课程评价与考核体系。教学课程的具体实施离不开对教学效果进行评估，信息素养MOOC课程开设可以对该课程的需求性、实用性和教学预期效果进行评估，同时也包括对学生学习情况的考核以及学生对教学方式、教学内容的评价。在课程考核中加入"自评、互评"式在线测试模块，在学习理论知识的过程中，通过自评、互评可以使学生在对自身所学进行评价的同时，对他人进行客观的评价，从而引发思考，提高学习积极性，激发学习兴趣，并能夯实对知识点的理解应用，为提高获取信息、处理信息和灵活应用的能力打下基础，能更全面、更有效地提高自身信息素养水平。①

5.建立校际联盟、共同开发信息素养MOOC课程。加强校际合作与交流，建立MOOC联盟。充分利用校际高校图书馆优秀师资力量与信息资源，共同创建优质信息素养MOOC课程，倡导开放式获取资源，将信息素养MOOC化步伐扩大，使学生能获取更广泛的优质资源。同时，高校图书馆发挥信息检索和信息组织的强大优势，对高校图书馆MOOC联盟中优质课程资源进行整合后，放入学校图书馆开放获取资源库中，以方便学生一站式获取，从而提高获取资源的便利性。通过校际联盟间广泛的交流与合作，互通有无，分享经验，共同探讨MOOC环境下的高校图书馆信息素养教育发展实践，信息素养MOOC化才能得到长足发展。②

（六）高校图书馆构建MOOC信息素养教育课程体系的实施对策

1.规划教学目标。现有高校信息素养教育教学缺乏长期目标规划，只是单纯开设信息检索课程，或者在MOOC平台上开设一门课程。因此，对于大学生信息素养教育仅局限于课堂或者某个阶段，无法满足学生不同阶段的学习需要。应提出信息素养教育教学的目标，实现信息素养教育的长期化、固定化、系统化。

2.整合课程资源。MOOC课程资源不仅是某本指定的教材，也可以来自网络资源，或者来自教学团队设计的课程内容等。多样化的课程可以弥补传统模式下教学资源的不足。基于信息素养教育的综合性、全面性、实用性，③将新生入馆教育、信息素养教育课程、图书馆数据库实践课、图

---

① 罗淑彬.MOOC时代高校图书馆提升大学生信息素养策略研究[J].农业图书情报学刊，2017，29（5）：148-150.

② 傅天珍，郑江平.高校图书馆应对MOOC挑战的策略探讨[J].大学图书馆学报，2014（1）：20-24.

③ 董岳珂.MOOC视角的信息素养教育探析[J].现代情报，2016，36（1）：131-134.

书馆讲座、毕业设计（论文）指导讲座整合到信息素养教育教学内容中，采用线上和线下相结合的模式。同时了解学生需求，以学生为中心开展课程导航，通过互联网将不同信息素养课程与专业课程相结合，根据学生的不同学科背景、阅历层次、知识储备制作不同的个性化配套课程，增加多样化实践课，使课程内容更加丰富，有利于学生个性化学习，为信息素养教育提供更加广阔的学习空间。

3.实施混合式教学。传统的信息素养教学模式，一种是固定在某一场所，教师面对面对有限的学生进行授课，其特征是教师面授，即Face-to-Face（F2F）；第二种是传统的网络公开课模式，如信息素养类国家精品课程、国家精品资源共享课、网络公开课等。在MOOC平台中，有一种扩展课程被称作小规模私密在线课程（Small Private Online Course, SPOC），这种模式的课程采用MOOC讲座视频方式，结合现实中的课堂，达到混合学习的目的。[①] MOOC打破了时间与空间的限制，但对课堂的控制非常弱。因此，将上述3种教学模式有机融合成为混合式教学模式，建立一种线上线下互动、虚实互补、各取所长的教学模式，可以从根本上提高学生的参与度。

4.采取灵活多变的教学方式。传统教学方式比较单一，而MOOC教学方式灵活多变，其授课内容与图书馆信息素养教育活动相结合，可以充分发挥学生自主学习能动性，引导学生进行探究式学习；信息素养课程内容丰富，对学生实践操作有一定的要求，应寓教于乐，如采取游戏化教学，引入游戏晋级模式，对成绩优秀者给予"状元""榜眼""探花"称号，以晋级模式激励用户学习的积极性。游戏晋级体现学生获取、分析、利用信息个人能力成长的过程，既可以在娱乐中提高学生的信息素养能力，也可以建立长效的推广模式，保持其生命力。

5.建立科学、合理、完善的教学考核体系。MOOC并非完美无瑕，它

---

① 黄如花，李白杨.MOOC背景下信息素养教育的变革[J].图书情报知识，2015（4）：14-25.

最主要的症结就是完成率较低。合理的教学考核体系会大大提升课程的教学质量。结合传统的考评考核机制，提出学分晋级制、学分等级制、特权制考核标准，在线考核与实践考核相结合的考核体系。其中特权制是指对于有特殊贡献的学生，或者整个学习过程中表现突出的学生，给予特殊优待政策，如借书时间延迟、数量增加等。教学效果评估体系的建设是信息素养教育一个重要内容，主要包括学生对学习的自我评价以及对教学内容、教学方法、教学方式的评价。在线考核、课堂测评和讨论评价相结合，笔试考核和实践操作考核相结合方式，这两种考核方式能有效避免完成率低的问题。同时，还可以对MOOC平台获得的用户学习行为信息进行大数据分析，以进一步完善信息素养教育的课程考核和评价体系。[1]

6.完善信息素养课程体系。MOOC开放获取的特点虽然补充了信息素养教学内容，但不成体系。图书馆馆员仅限于对课程本身的掌握，使得信息素养教育始终停留在一个课程中，被视为阶段性教育，而没有深入了解学生的需求，忽略了信息素养的灵魂所在。信息素养的灵魂在于培养一种特定的用户搜索信息意识，课程的创新应该围绕这个主线，由浅及深地形成体系。[2] 利用MOOC可以从3个方面完善课程：

①馆员方面。学科馆员嵌入专业课程中，发动专业课教师搜集和推荐MOOC课程资料。

②在校生方面。开展晋级模式的学分制，把信息素养教育融入整个大学生生活和学习中，对成绩优秀的学生给予优等学分的奖励。

③图书馆方面。通过大数据分析课程学习进度以及对课程的反馈，不断完善信息素养教育课程体系。[3]

---

① 吴茵茵.信息素养教育的慕课化建设探讨[J].农业网络信息，2015（3）：99-102.
② 张立彬，魏巍.MOOC环境下国外高校图书馆信息素养教育问题研究[J].情报理论与实践，2016，39（9）：140-144.
③ 魏巧玲，李欣，姚玉梅.基于MOOC的高校信息素养教育课程体系构建初探[J].情报探索，2018（4）：92-95.

MOOC与"互联网+"引发了高等教育的变革,催生了信息素养教学模式的改革,在以MOOC为背景、"互联网+"为手段的信息素养课教学模式构建中,尝试将传统课堂教学和MOOC网络教学平台结合起来,对教学理念、教学内容、教学手段方式和学习效果评价几个维度进行有机整合,激发学生学习积极性,突出学生主体地位,引导学生自主学习,课堂上腾出时间开展项目协作和探究学习,进一步深化和提升教学效果;另外,充分发挥图书馆员的主导作用,把馆员从传统固化的课堂讲授模式束缚中解放出来,将更多时间和精力投入到学生学习过程和学习效果的监督和管理中。但也要看到,信息素养教育的MOOC式教学不是一成不变的,需要教师不断与时俱进,积极把握时代脉搏,不断用新技术新思维充实和武装自己,才能使信息素养教育教学效果得到全面提高。[①]

三、嵌入式服务

作为高校图书馆近年来兴起的一种服务模式,嵌入式服务以用户需求为导向,深入用户学习教学科研活动中,提供有针对性的个性化服务,是图书馆由被动信息提供者向主动信息提供者的转变,由高校教育活动的辅助、延伸与扩展的服务性机构,向高校教学和科研服务的学术性机构转变。MOOC是传统网络课程的延伸和发展,它不光提供课程视频和学习资料,还鼓励交互式学习,为用户提供基于虚拟学习社区的在线辅导及在线讨论。MOOC学习更加泛在化,其在线教学平台和虚拟学习社区的广泛应用,为图书馆构建基于MOOC学科知识资源整合和共享平台,融入教师课程团队和学生在线学习过程,提供了前所未有的嵌入领域和想象空间。[②]

---

① 陈德云,王军,范莉萍.基于MOOC的信息素养教育创新策略[J].河北科技图苑,2019,32(2):84-87,74.
② 夏燕.基于MOOC的图书馆嵌入式服务[J].图书馆研究,2015,45(6):76-81.

（一）嵌入式服务的由来及内涵

20世纪80年代初，美国学者Bharati Pati等便主张高校图书馆应秉承嵌入式服务理念，通过整合馆内外有形与无形资源，为读者提供兼具针对性与时效性的知识服务。[①] 而后学者Mehdi Alipour-Hafezi对高校图书馆嵌入式知识服务的内涵与外延进行了深度梳理并指出，嵌入式知识服务的战略目标是实现馆内外资源的高效融合，为用户带来具有高附加值的知识体验。[②] 1993年美国的Michel Bauwens提出"embedded"（嵌入式）概念，并将其引入图书馆服务中，以"嵌入"的方式为用户提供信息服务。[③] 随后，嵌入式学科服务就备受图书馆工作者的关注。嵌入式服务是在2004年由Dewey B I提出的，他认为"嵌入式服务"是指馆员与用户的全面协作。[④] 2006年，国家科学图书馆率先实施以"融入一线、嵌入过程"为宗旨的新型学科服务，[⑤] 引起了业界的高度关注。然而，直到2008年，图书馆界才普遍认可"嵌入式服务"这一概念。[⑥]

2013年，Devon Greyson定义嵌入式服务为"将图书馆的馆员及图书馆服务嵌入到用户中，并在用户的工作环境中开展工作，成为用户中的一员，这些工作场所也许是办公室、实验室或者家中，嵌入式服务能为读者

[①] Bharati Pati, Sabitri Majhi. Pragmatic Implications of Embed-ded Librarianship in Academics: a Review of Eminent Literatures[J]. *Library Hi Tech News*, 2019（2）: 11-16.

[②] Mehdi Alipour Hafezi. IDL Framework to Integrate Disparatedigital Library Systems: a Case Study [J]. *The Electronic Library*, 2014（2）: 134-146.

[③] 王芩, 马铭锦. 嵌入式馆员学科化服务——以北京信息科技大学为例[J]. 大学图书情报学刊, 2011（1）: 64-66.

[④] Dewey B I. The Embedded librarian: Strategic Campuscol-Laborations[J]. *Resource Sharing &.Information Net-works*, 2004, 17（1/2）: 1-2.

[⑤] 初景利, 张冬荣. 第二代学科馆员与学科化服务[J]. 图书情报工作, 2008（2）: 6-10.

[⑥] 曾子明, 宋扬扬. 面向读者的智慧图书馆嵌入式知识服务探析[J]. 图书馆, 2007（3）: 85.

提供一种更加专业、精深的、增值的服务"[1]。嵌入式服务是近年提出的一种新型图书馆信息服务理念和模式，其核心在于充分发挥图书馆员的信息服务优势，主动嵌入用户的科研、工作和学习环境中，挖掘用户信息需求，积极主动为用户的教学和科研提供个性化、专业化、知识化的服务，为教学科研提供有力的信息保障与支撑，最终推动用户的学习、工作和科研的发展，体现高校图书馆的价值。

（二）MOOC背景下高校图书馆开展嵌入式服务的必要性与可行性

MOOC的出现改变了图书馆服务教学的方式，引发了图书馆服务方式的变革。Linda C.Smith认为："图书馆可以通过多种方式为MOOC做出贡献，将图书馆员'嵌入'MOOC环境中，从而向学习者提供信息支持，为课程设计和制作提供帮助。"可见，图书馆在MOOC时代大有可为，图书馆为应对MOOC式学习服务建立的嵌入式管理和服务理念及工作方法，撼动了传统服务方式，为图书馆实现被动服务模式向前置化、嵌入式的主动服务模式转变开辟了新路。

1.MOOC背景下高校图书馆开展嵌入式服务的必要性

①图书馆拥有信息素养教育职能，应率先开展MOOC服务。信息素养的教育职能为图书馆参与MOOC提供了可能。G.Creed-Dikeogu和C.Clark建议，图书馆提供信息素养技能的自我评估工具，并建立满足MOOC参与者特定需求的网上信息素养教程。从传统模式到互联网模式，学习方式正在经历变革，信息素养课程为图书馆开展MOOC教学提供了一个试验场。图书馆在信息素养MOOC的设计与制作环节中以及后续的后台分析中积累了经验，为全面嵌入MOOC奠定了基础，积蓄了知识储备。

②图书馆拥有信息检索优势，理应嵌入对MOOC资源的整合服务。

---

[1] COOPER I D, CROM J A.New Activities and Changing Roles of Health Sciences Librarians: A Systematic Review, 1990-2012[J].*J Med Libr Assoc*, 2013, 101 (4): 268-277.

开放的MOOC资源为学生提供了国内外名校宝贵的教学资源，传递着顶级大师的教学理念和文化情怀。高校图书馆凭借自身的信息检索优势，应对国内外MOOC课程进行搜集、筛选、推荐、萃取、链接等资源梳理与整合，以确保师生高效及时地检索和使用。图书馆可在检索页开辟"MOOC专栏"，根据各教学院系设置MOOC大类，提供精品MOOC课程下载服务，嵌入热门MOOC课程的网站链接；由于受版权所限，许多参考资料不能在线或免费获取，图书馆应将馆藏书目与MOOC课程建立对接关系，对国内外MOOC课程进行资料匹配，设置课程链接；对没有馆藏的参考书目积极进行购买或与第三方托管公司合作，付费借阅或申请版权；对国外资源，图书馆尽量寻找能替代的国内资源，实现资源本土化。

③图书馆拥有资源优势，理应嵌入对教参资源的整合服务。传统的教参采购带有一定的盲目性，无法适应在线开放教学的新需求。MOOC时代催生的需求驱动采购模式，需要图书馆的担当和参与。读者决策采购（Patron Driven Acquisitions，PDA）和按篇付费（Pay Perb View，PPV）是从打包捆绑采购到按需精细化采购的一种转变，是图书馆资源采购决策权的转移。PDA适用图书采购，PPV适用电子期刊采购，当读者的访问量达到预设的数量级时，将会触发这本书或这篇论文的购买。对于完成校内指定MOOC课程必须要参阅的资料，由图书馆统一购买；个性化的资源需求，如某知识点的延伸扩展阅读，则只有当学习者有实际需求、触发需求临界点时才购买。此外，教学团队在MOOC的准备、运行、考核及改进阶段，产生大量的与课程相关的、原创性的教学资料，如教学大纲、课程视频、课件、考核试题等，学习者在学习过程中产生的大量课堂笔记、学习心得、结课作业、论文等资料，也是重要的教学参考资源。图书馆应该重视这部分资源的收集和整理，通过与平台商合作，建立广泛参与和知识共享机制，在教参系统中提供相应的开放端口，鼓励学习者上传具有自主知识产权的文献资料。MOOC时代高校图书馆应努力彰显资源、技术、经验等各种优势，主动嵌入服务整合各方利益，注重各方的沟通与

协作，改变MOOC教参资源匮乏的现状。

④图书馆拥有教育优势，理应嵌入MOOC资源的推介服务。高校图书馆具有教育功能，对信息资源的推介具有天然的优势。高校图书馆可开展一系列卓有成效的推介活动。如，在图书馆首页设置MOOC区进行新MOOC资源推荐，引导师生浏览、下载MOOC课程。重点收集整合学生感兴趣的MOOC资源，分类形成特色数字馆藏资源。在图书馆设置MOOC体验空间，为MOOC学习者提供技术指导。嵌入MOOC资源推介，可以激发师生的好奇心，诱发尝试动机，收到良好的效果；另一方面可以推动高校图书馆的服务创新，实现"以师生为本"的服务理念。

⑤图书馆拥有社会服务功能，理应嵌入MOOC资源的开放服务。MOOC不仅改变高等教育教学的传统模式，而且也使高校图书馆走向社会，实现泛在教育和终身教育，实现图书馆的社会功能属性。Cameron Barnes指出，MOOC的发展离不开开放获取资源。图书馆在充分挖掘网络免费资源及开放获取资源的基础上，通过分类形成完善的课程资源导航，对所有的学习者实行免费开放，无障碍获取。高校图书馆间建立合作关系，利用各学科的专业优势形成MOOC资源的互补。在图书馆MOOC专栏嵌入合作高校相近专业或课程的链接，引导MOOC用户，分享MOOC资源。MOOC资源的开放，是"人人享有平等利用图书馆的权利，人人享有自由利用图书馆的权利"的图书馆精神的体现，只有图书馆积极嵌入资源的开放服务，MOOC资源才会形成真正的开放。

2.MOOC背景下高校图书馆开展嵌入式服务的可行性

①图书馆员嵌入到教学活动中，成为课程内容提供者、推荐者。现代图书馆服务理念是主动服务和资源共享，图书馆占据着资源优势，承担着知识导航功能。图书馆员嵌入到教学中，要把优质的课程资源纳入推荐的首要范畴，以学科馆员身份积极跟踪一批专业MOOC课程，提供嵌入式服务，如参加讨论，为教师指定教参提供获取方式，实现MOOC课程和资源的直接对接。作为教学助手嵌入到课堂或网络教学中，有针对性地引

进MOOC资源,配以学科馆员的辅导,形成精品在线课程。图书馆员嵌入课程团队,与教师一起制定课程内容和规划,参与信息检索技能培训,并可从用户学习行为的大量数据中获得实践经验,进而在MOOC资源保存和普及等方面发挥作用。

②图书馆员嵌入到师生日常工作生活学习中,全面提高用户信息素养。高校图书馆可通过Web3.0技术、Rss技术等手段嵌入社交网络、浏览器、PDA等移动终端来实现师生日常学习、生活的嵌入式服务,使信息获取变得即时快速,无处不在、无时不可。嵌入式馆员通过服务平台在线答疑解惑,目的是提高MOOC学生信息素养,使其能够独立地评估自己的信息需求,鉴别有用的资源,准确获取资源,提升学习效率和能力。

③图书馆员嵌入到科研项目和政府企业中,提升科技服务能力和自身形象。将科研和社会作为服务对象的嵌入式服务是提高图书馆学术服务形象的重要手段。图书馆的MOOC实践主要体现在学习和制作当中,MOOC的众多学习者扩大了图书馆的服务疆界,MOOC庞杂的课程内容使得参与的嵌入式馆员专业知识和视野不断扩大,这种无形的知识积累将提升馆员的服务水平、学术能力和自身形象,使对科研、政府和企业的嵌入式服务更加深入和完善,促使高校图书馆更加开放。

④图书馆员从学习场所管理者成为多媒体制作的导师。高校图书馆在转型与创新中已建立信息密集区、信息共享空间(IC)、电子阅览室、多媒体工作室,是学生参加MOOC课程的最佳场所,还可以提供MOOC教学所需的视频课件录制空间。嵌入式学科馆员能够在使用设备、制作和编辑视频方面提供帮助,充当导师角色。①

(三)MOOC背景下高校图书馆嵌入式服务特征与类型

当前,慕课作为高校教学模式的重要组成部分,在具备传统教学模式

---

① 罗玲,赵洪波,王姗姗.MOOC背景下高校图书馆嵌入式服务研究[J].大学图书情报学刊,2016,34(4):84-88.

特征的同时,在课程的录制、知识内容的展现形式、课后作业的布置等方面有更高的要求,这就必然导致慕课用户的信息需求呈现出鲜明个性化、高度集成化、协同化的特征。因此,慕课背景下的嵌入式信息服务具备以下几个特征:

1.针对性的个性化嵌入。慕课背景下的嵌入式信息服务是针对有慕课相关信息需求的用户,每个用户、每堂慕课的信息需求都是不同的,需要根据用户的要求提供个性化的服务。

2.深度知识化嵌入。在"互联网+"和慕课背景下,用户们获取信息不难,难在信息背后的深度知识挖掘,这就需要馆员在嵌入式服务过程中为用户提供深度知识化服务。

3.全程合作式的嵌入。慕课背景下用户的信息需求多样化、复杂化,嵌入式信息服务必须由专业团队与用户密切沟通,在充分了解用户信息需求的基础上,为用户提供全程专业的优质服务。[1]

我国大学图书馆从20世纪90年代开始在借鉴国外嵌入式服务的基础上,开展嵌入式服务。时至今日,我国高校图书馆的嵌入式服务有了巨大发展,众多学者根据服务的途径、模式等进行了总结与分类。我们根据嵌入式服务的目的与过程差别,将其分为嵌入到科研项目中的服务、嵌入到日常教学活动中的服务、嵌入到日常学习活动中的服务与嵌入到政府与社会组织中的服务四种类型。[2] 图书馆的慕课实践与嵌入式服务方式不谋而合,图书馆为慕课式学习服务所建立的一套行之有效的管理和服务理念以及工作方法,必然会对传统服务方式的改造产生巨大的影响,为图书馆实现被动服务模式向前置化、嵌入式的主动服务模式转变闯出一条新路。根据图书馆的慕课实践和高校图书馆的嵌入式服务性质,我们将高校图书馆

---

[1] 赵莉娜.慕课背景下高校图书馆嵌入式信息服务研究[J].图书馆研究与工作,2017(10):46-49.

[2] 劳瑞·约翰逊.对于"慕课"的质疑:在线学习变革引发的社会反响[J].中国教育信息化,2014(1):21-24.

在慕课学习和制作中可以提供的嵌入式服务分为四类。

1.嵌入到日常教学活动中,成为课程内容提供者。国内高校图书馆将服务嵌入到日常教学活动之中是其嵌入式服务的重要组成部分,主要是图书馆员作为教学助手形式嵌入用户课堂或网络教学平台,通过信息素养与专业课程的结合,通过专业教师与图书馆员的协作使学生在掌握专业课程基本知识的基础上,提高学生的自我学习能力和创新能力。随着商业性慕课资源的成熟,高校图书馆可以根据学校的专业设置有选择地引进慕课资源,配以学科馆员的辅导,形成在线课程,特别是社会生活所需的技能培训课程和基础人文课程。图书馆也可以自己制作或参与慕课教学,图书馆员嵌入课程团队,与教师一起制定课程内容和规划,参与信息检索技能培训,并可从用户学习行为的大量数据中获得实践经验,进而在慕课资源保存和普及等方面发挥作用。

2.从学习场所提供者成为多媒体制作的"导师"。高校图书馆在转型与创新中已发展成为信息共享空间(IC),普遍建有专修室、电子阅览室、多媒体工作室,并拥有丰富的多媒体资源,可以提供慕课教学所需的视频课件和录制空间,是学生参加慕课课程的最佳场所。据悉,教师准备一门慕课课程需要几个月甚至半年以上时间进行录像和视频编辑等后期工作。在课程上网前,教师需要视听设备用来录制慕课,使用软件编辑原始视频,这就需要一个专业的多媒体环境。高校图书馆IC中的多媒体工作室可以满足这个需求,嵌入式学科馆员能够在使用设备、制作和编辑视频方面提供帮助,充当导师角色。

3.嵌入到日常学习、生活中以提高用户信息素养。现代信息技术的发展与泛在知识环境的进一步深化,使得人们的信息需求、信息获取变得即时快速,无处不在、无时不有的服务成为首选。高校图书馆可通过Web3.0技术、Rss技术等手段嵌入到社交网络、浏览器、PDA等移动终端来实现用户日常学习、生活的嵌入式服务。在慕课学习中,寻找现有信息及过滤次要和额外信息是两个重要的技能。用户需要了解所学慕课的基础知识来评估一门课是否适合自己，图书馆员可通过嵌入到日常学习、生活中的服务对用户进行信息素养方面的帮助和指导，使学生在提高信息素养的同时能够顺利完成学习任务。借鉴国外经验，高校图书馆通过嵌入的方式支持学生在线课程学习，让嵌入式馆员成为一个活跃的指导者。嵌入式馆员通过服务平台参与在线讨论，答疑解惑，嵌入式馆员的作用是提高慕课学生信息素养，使其能够独立地评估自己的信息需求，鉴别有用的资源，在在线学习环境中准确获取自己所需，提升学习效率和能力。

4.嵌入到师生科研项目和政府、企业中以提升图书馆服务内涵。嵌入到科研项目和政府、企业中的服务是指高校图书馆利用专业服务优势，使图书馆员参与到不同用户的信息供给中，提供专业的全方位的知识信息服务，其对象主要是高校师生的科研项目、政府和企业。将科研和社会作为对象的嵌入式服务是提高图书馆在学校中的学术形象的主要手段。图书馆的慕课实践主要体现在学习和制作当中，慕课的众多学习者扩大了图书馆的服务对象，慕课庞杂的课程内容使得参与嵌入式服务的馆员的专业知识和视野不断扩大，这种无形的积累将提升嵌入式馆员的服务水平，其对科研、政府和企业的嵌入式服务将更加深入和完善，促使高校图书馆更加开放。从这个角度来说，慕课也是一种新的知识共享的有效方式。如果通过有效的管理措施和技术手段，实现慕课平台与庞大图书馆共享联盟体系的"大对接"，从而使慕课学习在更大范围内共享信息资源，高校图书馆或许能够成为实现大规模开放学习与全球信息资源共享的重要纽带和桥梁。①

（四）MOOC背景下高校图书馆开展嵌入式服务的策略

嵌入式信息服务是当前慕课环境下高校图书馆自身发展内在需求和外部因素共同作用的结果，也是高校图书馆应对当前信息环境维持其发展的

---

① 韩庆峰.基于慕课的高校图书馆嵌入式服务研究[J].新世纪图书馆，2015（8）：39-42.

必然选择。嵌入式信息服务虽然是传统信息服务的有效延伸和拓展，但如果要想在慕课环境下开展高效的嵌入式信息服务，就必须从以下7个方面来加强建设。

1.深化慕课信息服务理念。高校图书馆已经习惯于为传统教育模式提供信息服务，对于慕课这种新型的教育模式还没有过多关注，也不了解其发展脉络，对于学校开设的慕课课程也不甚了解。图书馆作为学生的第二课堂，这种状况会严重阻碍图书馆的发展。因此，图书馆要提升对慕课的关注度。首先，图书馆员可以通过慕课平台进行用户注册，亲身体验慕课的授课过程，认真完成慕课课程，同时对多个平台的慕课进行对比分析，了解掌握当前慕课的实际发展情况，包括授课形式、软件技术的应用、课堂讨论情况、结业考核形式等方面。其次，慕课已成为高校教学模式的组成部分，图书馆领导层要对慕课有客观的认识，既不能忽视慕课的存在，也不能过分强调慕课的重要性，这样才能使图书馆在不断变化的信息环境中稳步前行。最后，任何服务，包括信息服务在内，都要以用户的需求为中心。随着网络和可移动便携设备的发展，图书馆到馆用户越来越少，图书馆对用户的信息需求越来越难把握。走出去嵌入到用户中去，以用户为中心、以用户的信息需求为首要任务，围绕用户开展多元化的信息服务是图书馆发展的必然选择。

2.加强慕课资源建设。随着网络上开放获取、自行出版、按需出版等内容的增多，[①] 信息资源的种类、数目、形式都越来越复杂，构成了复杂的数字信息环境。慕课的出现使得师生对数字化资源的需求更为迫切。笔者通过对各高校图书馆主页资源的浏览发现，只有个别高校图书馆有相关慕课资源的整合，如清华大学、武汉大学、吉林大学等。大部分高校图书馆的慕课资源建设都滞后于学校慕课的发展。资源是高校图书馆嵌入式信息服务强大的基础保障。高校图书馆作为优质信息资源的聚集地，要想实

---

① 刘颖.客户化企业范式视角下的嵌入式学科服务支撑机制研究[J].情报理论与实践，2014（10）：82-87.

现服务学校教学、科研，就要不断地根据学校教学科研的发展方向来调整及丰富自身资源建设。慕课资源可以根据用户类型（学生、教师）及信息需求的种类（语言辅助学习类、专业知识辅导类、应用软件技术类、科学研究指导类、教学指导应用类）进行建设。慕课背景下信息资源发展呈现出多样化、碎片化的趋势，慕课资源的建设也要以多样化、碎片化的形式来方便用户使用和获取。高校图书馆可以围绕慕课中的知识点，以习题演练为中心进行微课资源的建设，方便用户对知识点和习题进行碎片化的学习。

3.组建专业的慕课知识服务团队。高校图书馆要克服人才培养的种种困难，加强馆员互相学习。由少数优秀馆员带动多数普通馆员，充分利用一切有利条件组建专业的慕课知识服务团队。慕课知识服务团队是嵌入式信息服务的智力支撑、质量保障，具有专业背景的知识团队对于工作业务的开展及发展都起着重要的作用。慕课课程的录制、教参资料的准备、版权限制的规避、相关技术问题的解决、学生慕课学习过程中常见问题的咨询等一系列问题都需要具有相关专业背景的图书馆员来解决，这就要求高校图书馆组建一支专业的慕课知识服务团队，利用嵌入式馆员的专业优势，充分发挥其潜能，为用户提供更加高效、便捷的知识服务。

4.完善慕课依托平台建设。慕课平台的建设和完善是高校图书馆实现嵌入式信息服务的技术保障。首先，高校图书馆要加强慕课依托平台建设，除了常见的图书馆主页、微信、微博等信息平台外，还可以尝试将慕课资源依托在移动设备终端APP上，如超星的云舟域。在增加慕课资源获取方式的同时也扩大了嵌入式信息服务的覆盖面，让用户在不同的平台都能享受到图书馆嵌入式的个性化信息服务。其次，高校图书馆要重视慕课依托平台的日常维护和统计工作，搜集学生学习的证据，借助大数据相应技术的分析功能，判断学生的下一步学习需求，帮助教师提升教学效率，同时还可以开展学生学习生涯的导航。① 最后，高校图书馆要根据用户的需求融入新媒体技术，升级完善软件平台的界面及功能模块，不断提升服务质量及用户满意度。

5.加大慕课的宣传力度。图书馆的任何资源如果没有被充分利用，都会失去其存在的价值。当前，不少图书馆员对慕课的了解很有限，图书馆的慕课资源更是缺乏关注度，因此，高校图书馆要加大慕课的宣传力度。第一，充分利用被广大师生关注的图书馆资源动态入口，如图书馆主页、微信公众号、校园网主页等，对慕课进行推介性的消息发布和推送。有关慕课制作的相关内容可以以邮件方式有针对性地推送给慕课录制教师，并与教师建立联系，及时了解教师有关慕课的信息需求。第二，定期举办有关慕课的专题讲座，如慕课的发展脉络、国内外几大慕课平台的介绍及对比、图书馆慕课资源情况及使用指南等，使广大师生对慕课及图书馆的多元化信息服务有所了解。第三，加强图书馆与其他职能部门（教务处、研究生院、科研处等）的合作与联系。通过项目合作做出成效，在图书馆高效信息服务得到许可的同时，主动向院系师生进行推介宣传。②

6.嵌入学校教学参考系统。高校图书馆是虚实馆藏资源的集合体，用户使用教师授课视频和资料的同时，还需要海量的课外资源。图书馆可以借此契机，构建涵盖课内参考资料和课外延伸阅读且基于MOOC资源的教学参考系统，该系统应成为图书馆支撑教学科研最有效的手段。挑选教学参考资源必须严格依据课程的内容设置以及用户的在线咨询状况，在整理本馆各种类型、格式资源的同时，通过开放获取数据库的形式为用户挑选所需的资源。教学参考系统包含完整的教学内容资料，提供在线咨询和资源共享，同时向用户提供个性化需求推介服务，引导师生获取优质资

---

① 顾小清，王春丽，王飞.回望二十年：信息技术在教育改革与发展中的历史使命及其角色[J].电化教育研究，2017（6）：9-19.

② 赵莉娜.慕课背景下高校图书馆嵌入式信息服务研究[J].图书馆研究与工作，2017，（10）：46-49.

源，从而实现图书馆嵌入式服务与MOOC平台无缝对接。

7.推动校际合作，实现共建共享。MOOC背景下参与者人数众多，不同的参与者有着不同的学习目的和信息需求，单靠一所高校图书馆的力量很难为所有用户提供多样化的服务。因此，MOOC时代就要求各图书馆寻求外援，联合校外实体单位，包括博物馆、公共图书馆、档案馆等，兼顾跨机构协作，众志成城，实现互利互惠、共享共建的美好愿景。[①]

嵌入式服务是图书馆融入MOOC服务的重要渠道，是馆员发挥作用的新舞台。[②] 高校图书馆员要以MOOC为契机，并据此锻炼能力，接受最先进的理念与技术，深入开展嵌入式信息服务，以用户信息需求为中心，为用户提供高质量的信息服务，更好地服务教学和科研，从而使高校图书馆在多变的信息环境中稳步发展。

四、学科服务

高校图书馆是教学资源及科研信息的聚集地，同时具备建设、开发及加工挖掘信息资源、传授信息素养技能、推动阅读、促进信息共享的职能。MOOC的兴起给高校图书馆学科馆员赋予了新的角色和职能。高校图书馆必须转变思路，改变坐等读者上门的服务模式，紧跟MOOC的授课模式和理念，将自己的服务嵌入到MOOC课程的整个过程中。作为高校图书馆服务主力的学科馆员，必须摒弃传统的服务理念，积极应对MOOC模式带来的服务方式的深刻变化和严峻挑战，要有意识地主动拓展服务对象，明确学科馆员针对不同的服务对象能提供哪些服务，让

---

① 刘宏.MOOC背景下高校图书馆嵌入式服务模式创新[J].图书馆学刊，2020，42（12）：75-78.

② 罗玲，赵洪波，王姗姗.MOOC背景下高校图书馆嵌入式服务研究[J].大学图书情报学刊，2016，34（4）：84-88.

MOOC真正成为学科馆员突破服务瓶颈的支点。①

为满足用户的学科信息需求,高校图书馆建立了学科馆员制度,积极开展学科服务。学科服务是以学科为基础,以学科馆员为核心,专门针对用户细分需求,运用信息技术等发展出的图书馆创新服务模式。② 学科馆员是学科服务的提供者与操作者,在整个学科服务体系中处于主体位置。③ 学科服务是一种专业性、创新性、个性化的服务,学科馆员综合素质决定了学科服务的质量。

伴随着MOOC时代的到来,学科馆员为适应发展和满足用户需求,通过不断学习,进一步掌握制作MOOC必须具备的网络检索、软件制作、计算机绘图、文献萃取等技能而逐步成为深度学科馆员。面对MOOC教育模式,学科馆员应该具有某种或兼有几种学科背景,并具有图书情报专业知识和一定的网络知识、计算机应用技能,为MOOC课程提供多方位、个性化信息获取服务。深度学科馆员只有密切关注教育模式的改革,不断提高自身信息素养,嵌入教学流程,为教学提供高水平的课程资源,才能从容面对各种挑战。④

(一)学科馆员概述

1.学科馆员概念的产生及含义。"学科馆员"概念最早产生于20世纪50年代。美国内布拉斯加大学图书馆率先设立学科馆员制度,其后美国和加拿大部分研究型大学图书馆相继设立学科馆员岗位,主要负责学科参考咨询相关工作。随后Gary W. White对学科馆员作出定义:面向不同学科或学科依托单位(二级院系),有针对性地开展图书馆业务工作或信息

---

① 裴鹤.MOOC——学科馆员突破服务瓶颈的新支点[J].图书情报导刊,2016,1(10):127-131,141.

② 范玉红.高校图书馆学科服务创新实践研究[J].图书馆建设,2012(11):50-53.

③ 高晓英.我国高校图书馆学科服务研究综述[J].图书馆学研究,2012(22):12-15.

④ 张文娟.基于MOOC教育模式的深度学科馆员服务创新[J].图书馆工作与研究,2015(8):84-87.

参考咨询服务，也被称为某学科的文献信息专家。他认为，学科馆员应掌握某一学科的专业知识，承担高校图书馆馆藏建设和信息资源管理，并提供馆藏资料参考咨询服务。随后，美国图书馆协会在Gary W. White观点基础上，对学科馆员定义融入"以用户需求为中心"的理念，认为学科馆员的主要职责是基于用户需求进行馆藏建设和信息资源管理，并基于馆藏资源积极主动地向用户提供信息资源推广和参考咨询服务。①

我国高校图书馆学科馆员制度的引入及我国学科馆员制度设立较晚，相关理论研究从2002年以后才陆续开展。起初我国高校关于学科馆员的定位主要受"以用户需求为中心"理念影响，并在此基础之上，基于当时网络技术、信息技术和数字技术提出第二代学科馆员（学科馆员2.0）的概念，即通过与用户建立沟通渠道，及时了解用户需求，基于信息环境和服务能力承担图书馆馆藏建设和信息资源管理，并以纸质馆藏、文献资料和数字资源为依托，积极主动地开展用户信息参考咨询服务，包括馆藏资源订阅推送、开设文献检索类课程、学科科研成果产出统计分析等。②

随着学科服务理念、信息网络环境、信息科技方式的变化，学科馆员在学科服务中的角色和职能也不断变化。当前MOOC已经在世界各地得到广泛应用，对于高校图书馆学科馆员来说，要用足够的热情拥抱MOOC的到来，并以此为契机，将学科服务真正嵌入到用户信息需求中，进而提高学科馆员的职业价值，提升高校图书馆在学校教学科研领域的影响力。

2.MOOC环境下高校图书馆学科馆员的新定位。学科馆员制度的根本目标是建立图书馆与学科用户之间的联络机制，主动了解学科需求，并以

---

① 邱葵.美国高校图书馆的学科馆员与学科服务[J].图书馆论坛，2016, 36（12）：13-23.
② 柯平，唐承秀.新世纪十年我国学科馆员与学科服务的发展（下）[J].高校图书馆工作，2011, 31（3）：3-7, 22.

需求指导信息组织，以便向用户提供主动的学科指导性服务。[1] 学科馆员制度经过多年的发展，相对比较完善。从第一代传统图书馆的学科馆员制度到第二代基于数字图书馆的学科馆员制度，再到今天MOOC环境下的新一代图书馆学科馆员制度，图书馆学科馆员在原有传统角色的基础上又被赋予了新的角色定位。

①学科资源管理服务者。MOOC环境下学科馆员的资源管理服务不仅仅体现在对现有馆藏资源的整理、分析、利用上，更为重要的是在相关版权及许可的范围内，为用户提供多渠道的开放获取资源，逐渐转变教学过程中教师高度依赖合理使用豁免权的状况，担任好教师在MOOC制作过程中的版权法律咨询顾问角色。与此同时，为信息用户深入贯彻开放获取理念，为用户构建机构知识库，方便学术研究，拓展交流互动的技术平台。

②嵌入式信息素养教育者。传统的学科馆员针对服务对象，有层次、分重点地进行信息素养教育。在MOOC中，传统的学科馆员已不能满足用户实时多样化的信息需要，学科馆员要走到用户工作环境中去，嵌入到用户MOOC制作的过程中，进行深层次的参与，如课程计划的制定、在线讨论等，观察学生学习行为，分析其特征，抓住信息素养教育的有效切入点，使得学生在学习的同时具备文献检索技能及甄别信息资源优劣和聚合知识内容的能力。同时，学科馆员可以利用自身的信息资源、学科专业知识、多媒体技能等优势，针对所服务的学科专业创建信息素养MOOC课程，利用MOOC新颖的授课方式吸引学生，有效地提高该学科师生的信息素养技能。

③MOOC环境下的专业支撑人员。MOOC是依存于网络的视频课程，据统计，录制编辑一门MOOC课程至少要6个月时间。当前信息技术飞速发展，各种视频软件层出不穷，不同专业课程具有不同的特点，选择哪种

---

[1] 杨广峰，代根兴.学科馆员服务的模式演进及发展方向[J].大学图书馆学报，2010（2）：5-13.

制作软件可以将课程内容淋漓尽致地呈现给学生，是MOOC环境下赋予学科馆员的新任务。因此，学科馆员要积极主动地学习掌握各种多媒体软件技术，为信息用户制作MOOC课程提供有效的技术支持。MOOC作为一种新兴的教学模式在国内才刚刚起步，在发展的过程中必然会遇到各种各样的问题，学科馆员要勇于面对并积极解决问题，以此为契机，嵌入到MOOC制作中去，成为MOOC制作过程中的专业支撑人员。

3.MOOC环境下高校图书馆学科馆员的新职能。面对今天数字化、网络化日益繁荣的信息环境，学科馆员的馆藏资源建设与发展、参考咨询、用户素养教育、院系联络四大传统职能已经不能满足用户的信息需求，因此MOOC环境下学科馆员必须要增添新的职能，以最大限度满足用户信息需求。

①及时关注和了解MOOC发展，把握MOOC发展的脉搏，不能过高评价MOOC的作用，也不能轻视MOOC给高等教育带来的影响，要正确客观地分析MOOC及其对大学图书馆学科馆员提出的新要求。

②积极参与到MOOC课程中，既要作为学员选择多门MOOC课程亲身体验，感受多种授课方式，从中获取经验；也要作为MOOC课程制作的参与者，充分发挥学科馆员特有的资源优势，成为MOOC课程制作中的核心力量。

③追踪当前最新网络信息技术，MOOC是依存于网络、借助信息技术的新型教学模式，网络信息技术的快速发展对MOOC有着深远的影响，不同的课程借助不同的技术手段表现出来，使其效果最大化。

④对某一学科的MOOC课程进行统一管理，并归纳到该学科机构知识库资源的建设中，从而进一步推广开放获取。[①]

---

① 赵莉娜.MOOC环境下高校图书馆学科馆员的角色转变[J].图书馆学刊，2015，37（3）：14-17.

（二）MOOC背景下高校图书馆学科服务特征与挑战

MOOC环境下高校图书馆的学科化服务更侧重于与MOOC相关的知识信息服务。如用户对于MOOC学科类别、主题内容、教育层次、计划学时、每周安排、教学进度、考核方式、学历证明等多方面的知识信息需求服务。学科服务不是学科馆员能够独立完成的，而是要依靠整个服务团队乃至全馆各个部门的参与和支持才能完成。所以应加强全馆各个部门间的横向联系，全馆上下对学科服务加以重视，各个部门成员默契配合才能很好地完成工作任务。

1.MOOC背景下高校图书馆学科服务的特征

①信息资源丰富化。MOOC依赖于信息技术和网络环境实现文字、图像、视频、音频、数字、资源链等不同信息资源的优化整合，其门户开放程度足以容纳任何用户参与学习，用户类型的多样化决定了用户学习需求的丰富性。高校图书馆用户也不再限于高校学生，而是延伸至各种社会人士（如政府人员、企业人员以及科研人员等），不仅要满足高校学生的学习需求、高校教师的教学科研需求，同时还要在一定程度上兼顾其他学习者的信息需求。

②服务方式多元化。MOOC时代，用户已不满足于简单的检索、获取信息资源，更倾向于带着"问题"或"目的"尽快获得由知识点积聚并且具有一定关联性的信息资源。而MOOC正是把专题知识体系进行"碎片化"处理，以知识点为专题优化整合公开课、视频音频等全方位信息资源，以满足用户的信息需求。[1] 从这一点来看，MOOC对高校图书馆功能升级具有一定的促进作用，趋向于深层次的知识咨询服务，尤其要满足用户随时随地获取信息的泛在需求，要能够与用户进行高频率的网络交互，因此表现出强烈的多元化特征。

---

[1] 黄文碧.慕课形势下高校图书馆的服务模式探讨[J].情报探索，2015（1）：110-114;118.

③服务层次学科化。高校图书馆学科服务的目标是为教学科研、学科建设服务，既要满足广大师生的一般需求，又要满足一些个性化的深层次需求。学科服务是深化参考咨询服务的一项重要举措，而MOOC则为参考咨询服务嵌入课堂、深入学科提供了新的平台。MOOC环境下，用户需要的可能不仅仅是文献线索，而是能够直接解答用户问题的知识单元或方案。①

④服务人员专业化。要做好MOOC浪潮下高校图书馆学科服务，涉及信息资源的优化整合问题，这就需要馆员具备图情知识技能，胜任检索、概括、整理、分析等一系列信息处理的工作，同时还要具备相关的专业学科知识，便于开展某类信息的优化整合工作；涉及网络环境的应用，这就需要馆员具备计算机应用技能，可以进行相关的计算机操作和网络信息应用；涉及对用户相关资料的了解掌握，这就需要馆员具备社会学、心理学等学科知识，以便更好地研究、分析用户的信息需求特征、信息行为等。因此，图书馆员必须具备一定的专业综合素质，以满足用户深层次的信息需求。②

2.MOOC背景下高校图书馆学科馆员面临的挑战

①信息资源多样化、复杂化。网络环境已成为人们生活中不可或缺的组成部分，MOOC在网络环境下迅速发展起来，高校是MOOC发展的核心，而作为教学科研信息聚集地的高校图书馆必然受到很大的影响。现有的以纸质资源、电子资源为主的资源类型已不能满足用户信息需求，OA资源及机构知识库类型的资源比重将会逐渐加大，同时多媒体技术软件及网络技术软件也将成为当前MOOC环境馆藏资源类型的重要组成部分。MOOC使得全球的教育资源开放化，突破了教育资源的区域信息壁垒。

---

① 刘丽，齐秀霞.MOOC环境下高校图书馆参考咨询服务研究[J].农业图书情报学刊，2017，29（2）：168-170.

② 谢运洁.MOOC浪潮下高校图书馆参考咨询服务模式的创新研究[J].图书情报导刊，2016，1（5）：48-50.

不过与此同时也出现了有关版权的问题。美国版权法对面对面的教学设置豁免和灵活原则条款，可以不经许可和付费使用受版权保护的作品，但网络教学却不在此范围内。①

②用户信息需求方向的转变。用户的信息需求一直是学科馆员开展一切工作的前提，只有对用户信息需求进行正确的分析研究才能保障学科馆员信息服务的质量。MOOC与传统的教学模式存在很大的差异，具有教学模式灵活、课程视频简短、交流互动自由随机等特点。MOOC环境下用户的信息需求种类呈现多样化：多种载体的信息资源，如纸质资源、电子资源、网络资源、视频资源等；MOOC在国内才刚刚起步，很多老师对于MOOC都不甚了解，因此用户需要有关MOOC全方位的信息内容，如MOOC理念和方法、课程的设计和视频的制作、多方面的MOOC经验及不同文化背景的学术信息等内容。而且不同学科的用户信息需求特征呈现出明显差异性。

③用户需要深度挖掘的知识信息。MOOC环境下，用户对信息需求的准确性和权威性有了更高的要求，其知识化特征更为显著，对学科馆员提出了更高的技术和职业素养要求，如信息资料的搜集、整理能力、学习掌握新技术的能力、开展多形式的知识创新服务能力等。MOOC环境下知识交流互动是即时、自由的，因此即时咨询和个性化深层次的知识服务将成为用户信息需求的重要组成部分。高校图书馆学科馆员应快速提高自身的职业素养和技能以适应MOOC环境给学科馆员带来的挑战。

④学科馆员工作方式多样化。学科服务的根本是用户信息环境的构建和优化设计②，MOOC的出现使用户的信息环境发生了变化，学科馆员应通过多样化的工作方式将学科服务融入信息环境的构建服务中去。原有在图书馆办公的工作方式在MOOC环境下会将图书馆逐渐边缘化，应走出

---

① 傅天珍，郑江平.高校图书馆应对MOOC挑战的策略探讨[J].大学图书馆学报，2014（1）：20-24.

② 初景利，张冬荣.第二代学科馆员与学科服务[J].图书情报工作，2008（2）：6-10.

去，走到用户的身边，变被动的信息服务为主动的知识指导性服务，密切联系院系用户，真正地嵌入到用户的科研教学当中，挖掘用户潜在的信息需求，为用户提供全方位的信息保障环境。与此同时，图书馆还要与研究生院、教务处、科研处等部门密切联系合作，做好图书馆和学科馆员的自我营销，提升教学科研部门对图书馆学科馆员的认同度。[①]

MOOC的出现给图书馆学科服务提出了更多要求，学科服务内容和方式的不断创新，对高校馆学科馆员综合素质提出了更高的要求。学科馆员的学科服务从与院系和用户的沟通联络、学科资源建设、参考咨询、用户培训发展为开展专业用户研究、学科文献信息研究、学科发展研究，参与教学科研的实际工作。尤其在"双一流"背景下，学科服务的核心正在向以学术科研为导向的知识情报服务、以管理任务为导向的信息分析服务、以学科发展为导向的数据分析服务、以问题为导向的决策支持服务转移。[②]学科馆员的角色已从图书馆与用户的联络人、用户信息素质的培训者、参考咨询馆员，发展成为学科信息作者与发布者、信息资源管理者、知识管理者、虚拟交流的组织者、数据分析者、研究人员。[③]

（三）高校图书馆学科馆员嵌入式服务类型

从目前研究情况来看，高校图书馆学科馆员嵌入式服务分为嵌入式院系服务、嵌入式科研服务、嵌入式咨询服务三种模式，由于学科馆员嵌入的环境不同，服务内容也有所差异。

1.嵌入式院系学科馆员服务。高校图书馆嵌入式院系学科馆员服务是指学科馆员嵌入高校学科院系建设中，根据院系学科建设需要为师生提供

[①] 赵莉娜.MOOC环境下高校图书馆学科馆员的角色转变[J].图书馆学刊，2015，37（3）：14-17.

[②] 张海梅."双一流"背景下高校图书馆学科服务人才队伍建设探析[J].图书馆工作与研究，2018（1）：97-101.

[③] 陶涛，付予我.高校图书馆学科馆员的综合素质要求[J].图书馆论坛，2019，39（10）：107-114.

完善的学科服务。学者张永鹏认为，高校图书馆嵌入式院系学科馆员服务模式是对图书馆传统服务模式的创新，能加强图书馆与读者的互动。传统的嵌入式学科服务模式虽然能满足院系师生的知识需求，但服务方式单一，主体协作效率较差。嵌入式学科馆员服务以学科馆员作为院系学科建设的服务主体，以合作共建的方式开展知识服务，是双向立体化的知识服务模式。① 正如学者彭海英指出的那样，嵌入式院系学科馆员服务不仅为院系学科建设提供知识、智力支持，还为师生提供知识咨询、学术导航、文献查询服务，满足师生专业的学科需求。②

2.嵌入式科研学科馆员服务。高校图书馆学科馆员嵌入到高校科研项目中，可了解各院系的科研需求，为科研学者提供知识服务。学者周频指出，嵌入式科研学科馆员服务是创新型社会环境下高校图书馆面向科研人员开展的立体化知识服务，是体系化的学科服务模式。③ 学者白丽芹认为，在嵌入式科研服务中，学科馆员凭借自己专业的知识，为师生科研工作提供指导，帮助师生完成科研准备工作，协助其科研工作高效开展。④

3.嵌入式咨询学科馆员服务。学科馆员嵌入式咨询服务是以用户专业知识需求为核心的知识服务模式，是全方位、立体化的学科服务模式，可提高图书馆面向用户的专业学科服务质量，为用户的专业学科服务需求提供支持，使用户的知识需求得到满足。学者黄敏指出，在多元化的知识社会，用户的知识需求呈现多样化特征，为了满足师生学者用户在知识资源获取方面的需求、专业文献获取的需要，学科馆员嵌入到用户的学习工作环境，借助互联网工具为用户提供一体化的知识咨询服务，一方面使图书

---

① 张永鹏.高校图书馆嵌入式学科服务质量评价体系研究[D].曲阜：曲阜师范大学，2018.

② 彭海英.面向科研管理的高校图书馆嵌入式学科服务创新研究[J].图书馆学刊，2017，39（10）：51-55.

③ 周频，吕元康.地方高校图书馆嵌入式学科服务模式探索[J].图书馆研究与工作，2017（11）：32-36.

④ 白丽芹.协同创新视角下面向学科的高校图书馆嵌入式知识服务模式研究[J].河南图书馆学刊，2018，38（2）：52-54.

馆的有关学科资源得到有效利用,另一方面也满足了用户的需求。[1]

(四)MOOC环境下嵌入式学科服务构建

1.高素质学科馆员队伍的建设。学科馆员的素质和服务水平是嵌入式学科服务持续发展的基础。学科馆员必须具有图书情报专业背景或工作经验,熟悉对口专业知识,有很好的个人修养,才能胜任这项工作。另外,教学能力、公关能力、语言表达能力和信息技术以及团队协作能力也是学科馆员不可缺少的基本技能。学科馆员应加强学习对口学科背景知识和图情专业知识,全面提升自身的综合素质,关注国内外的对口学科的研究热点和趋势,培养自身敏锐的信息意识,加强与用户的沟通,有效推动高质量的学科化服务。MOOC环境下高校图书馆的学科化服务,更侧重于与MOOC相关的知识信息服务。如用户对于MOOC学科类别、主题内容、教育层次、计划学时、每周安排、教学进度、考核方式、学历证明等多方面的知识信息需求。高校图书馆不仅可以为用户提供MOOC知识服务创新,同时也可以开发属于自己的MOOC资源来提高学科馆员的专业技术水平。

2.学科化服务平台的建设。学科服务平台作为联系学科用户与学科馆员的媒介,是双方得以联系的虚拟环境,也是服务系统的外在表现形式。MOOC环境下高校图书馆可以在学科平台上提供MOOC相关网站的链接,跟踪国内外MOOC发展的最新动态,邀请学科专家举办知识讲座,召开关于MOOC的课程改革交流会,还可以将课程信息与图书馆现有的资源整合起来,参考学院系科的专业设置,了解学科的发展方向,利用搜索引擎,通过选择,找到对重点学科、专业有价值的网站内容,如国内外本专业专题研究数据库;学科课件资源库;学科教育机构网站等等,将这些收集到的网站下载、分类、标识,进行有效链接,形成便于浏览和检索的学

---

[1] 张彩霞.高校图书馆嵌入式学科馆员服务模式的比较与发展[J].晋中学院学报,2019,36(4):102-105.

科导航。

3.嵌入式信息素养培训服务。信息素养是指人们所具有的信息意识和利用信息的各种技能。MOOC时代，嵌入式学科馆员职能定位比较模糊，但是仍然有好多事情可以做。比如，创建图书馆MOOC课程，还可以为教师课程制作提供相关帮助。完善MOOC配套服务，为校园网用户嵌入MOOC课程提供信息素养培训，制定课程指南。[①]

（五）世界一流大学图书馆基于新媒体的学科服务启示

当前，世界一流大学图书馆已经应用新媒体技术塑造了学科服务的核心竞争优势。注重应用新媒体技术，为用户提供全周期、体系化的学术素养服务与学科服务，并注重发挥新媒体技术的数据归类与信息集成优势，为用户提供一站式智能化的参考咨询服务。可见，借鉴世界一流大学图书馆新媒体学科服务的先进做法，有助于完善我国高校图书馆学科服务的治理体系，并提高治理的现代化水平。

1.学科服务应与用户科研周期无缝对接，促进学科服务实现从"资源供给方"到"学术合作方"的转向。一是利用新媒体技术持续深化学科资源检索服务的内涵与外延，创建跨库、跨学科的资源检索服务模式，即利用新媒体技术创新资源搜索引擎。二是为用户提供新媒体学科服务系统化的解决方案，可尝试利用新媒体技术精准分析学科元数据，构建结构清晰的资源导航类表，形成系统化的学科资源导航体系框架。

2.提供智能化、情景化的参考咨询服务。一方面，应用智能机器人技术提供全时在线的人性化参考咨询服务，如构建"人工+智能"的咨询系统，为用户提供全天候的参考咨询服务，以增强参考咨询服务的响应度与灵敏性；另一方面，利用新媒体数据咨询功能，为用户提供个性化的、高质量的、具有细粒度功能优势的数据咨询服务。

---

① 周玲玲.MOOC环境下高校图书馆嵌入式学科化服务[J].盐城师范学院学报（人文社会科学版），2015，35（6）：122-124.

3.利用新媒体技术创新学术素养服务的结构与内容。世界一流大学图书馆不仅高度重视利用自媒体为用户提供学术素养服务，还强调发挥学科馆员在学术素养服务中的主导作用，形成了多层次、嵌入式的学术素养服务架构。当前，我国部分高校图书馆学术素养服务与用户教学科研需求脱节的矛盾较为突出，因此，提供以学科馆员为支撑的多层次嵌入式学术素养服务势在必行。一是利用新媒体技术增强学科馆员在学术素养服务中的引领性作用；二是提供慕课嵌入式的学术素养服务，借助慕课自媒体平台实现学科馆员、慕课教师与用户三者间的互动和反馈探究式学习，确保学科馆员全程参与用户学术素养服务的全流程。①

五、版权服务

MOOC被认为是"500年来高等教育领域最深刻的变革"②，因为其突破了地理区域的限制，实现了对既有教育资源的重新配置。随着MOOC的迅速发展和推广，其开放性与版权的排他性产生严重冲突，版权保护成为在MOOC制作或使用过程中无法回避的法律问题。如何理清版权归属，合理使用版权资源，有效规避版权纠纷，形成安全、有序的版权交易制度是MOOC发展所面临的重要问题。③

但目前，无论是教师、教学机构还是MOOC发布平台，普遍缺乏版权管理的手段和经验。高校图书馆作为重要的信息服务机构，有义务承担MOOC版权管理的相关工作。而图书馆在人员、资源、技术等方面的优势，也能够有效地帮助MOOC完成版权管理工作，只有明确了版权归属

---

① 苏清华.世界一流大学图书馆基于新媒体的学科服务发展研究[J].出版广角，2020（1）：79-81.

② Reil L R Inaugural Address（September21，2012）[EB/OL].[2018-10-16]http：//president.mit.edu/speeches w riting/inaugural–address.

③ 何承斌.高校图书馆开展MOOC版权清理服务的困境与出路[J].大学图书情报学刊，2017，35（5）：12-16，37.

和利润分配才能使MOOC持续发展,促进MOOC的实践和推广。这既是高校图书馆应承担的职责,也是服务创新的必然要求,更是图书馆彰显社会责任的一个难得机遇。

(一)版权服务概述

1.版权

版权也称著作权,是指文学、艺术、科学作品的作者对其作品享有的权利①,从版权的属性来看,版权是私权的一种,版权所有人享有作品的财产权和人身权,其他人如果要对该作品进行复制、翻译、改编或演出等,均需要获得版权所有人的授权。② 与版权相关的所有权包括:发表权、署名权、修改权、发行权、信息网络传播权、改编权等。而版权具有的这种独立私权属性和排他性,恰恰与MOOC所倡导及鼓励的开放、自由、共享等精神理念背道而驰。③

2.MOOC版权的主要特征

①多样的版权数据来源。传统大学课堂上教师可以自由使用受版权保护的第三方资料,教学资源的来源相对单一,主要是课本、教参、图书馆馆藏资源等。而MOOC课程没有规定的教材,主要是教师围绕自己的教学目标为表达自己的教学意愿而制作的一系列短视频,可能会涉及数量庞大的教学素材,如图表、图片、录像、录音、动画、美术、电影、文字、照片、雕塑等。一方面这些资源的来源具有包容性,不仅有教师个人的智力成果,还有职务资源、法人资源抑或合作资源、委托资源,或者学生享有版权的资源以及图书馆的馆藏资源、出版社资源、开放资源和公共领域

---

① 版权EB/OL].[2015-01-16].http://baike.baidu.com/link?url=mX rdak4qmvPQSgK9dfWZM-QC9svgSq6UbWXtbGNcZ n7tVKYVDB_MW_ R -5AS5zDC.

② 叶文芳,丁一.MOOC发展中的版权制度研究[J].科技与出版,2014(2):13-17.

③ 白娟.MOOC发展中的版权管理分析与数字版权保护[J].图书情报工作,2016,60(S1):37-40.

资源。① 另一方面，由于这些分散在互联网、出版社和各类数据库的资源数量庞大，使版权清理难度增加，提高了制作MOOC课程的授权成本。

②庞大的版权服务对象。与传统课堂教育相比，MOOC学生规模较大，在地理上具有分散性。如在2011年，斯坦福大学开设的三门大规模免费开放的网络在线式计算机课程，每门课的注册学生都达到10万人的规模，其中《人工智能导论》课程有来自190多个国家的16万人注册，所以MOOC课程是真正意义上的跨国家巨型课程。② 在现行版权意义上，这些MOOC学生并非正式注册或录取，不符合传统数字资源使用的许可模式，不能获得图书馆服务和代理服务。因此，由于MOOC的宽泛性，版权资源传播使用对象的合法性受到版权人的质疑。

③复杂的版权归属问题。相对于传统远程教育，MOOC课程版权归属问题更加复杂。就课程开发与使用过程来看，MOOC主要涉及的版权主体有：高校、教师、MOOC平台供应商、学生、原作品版权所有人、图书馆。③ 高校和教师之间争议的焦点是MOOC课程的版权归属。不同学校有不同政策，弗吉尼亚大学认定MOOC课程是职务作品，属于大学；哈佛大学则规定教师的学术作品自动给大学非独占使用；宾夕法尼亚大学采取所有权共享，即教师获得课程内容的版权，而大学拥有视频的版权，双方互相授权对方使用。④ 由此可见，课程版权的归属问题尚在争议之中，需要高校、教师和MOOC平台之间制定相关协议。

MOOC课程往往是由多个教师、专家合作完成的。合作开发的MOOC课程版权归属是谁？版权能否共同享有？版权如何进行分割？

---

① 陈湛琦.版权清理：基于MOOC的图书馆版权管理新功能[J].图书馆学刊，2015（7）：18-20.

② 秦鸿.MOOCs的兴起及图书馆的角色[J].中国图书馆学报，2014（3）：19-25.

③ Cheverie J.Copyright Challenges in a MOOC Environment[EB/OL].[2013-07-30].http://www.educause.edu/ir/library/pdf/PUB9014.pdf.

④ 叶兰，易晓娥.图书馆视角下的MOOCs版权问题研究[J].大学图书馆学报，2014（5）：25-33.

MOOC还会产生一些衍生性的作品,这些作品的版权归属又该怎样?版权行使是否受到原MOOC版权的制约还是独立出来?这都是合作开发MOOC课程需要解决的版权问题。

另外,学生是知识的消费者,也是知识的发现者和创造者。在使用MOOC课程时,学生的作业、小组讨论的内容以及学习的总结心得会以文字、图表、图片等形式发布到网站公共社区,这些用户生成内容的版权归属普遍没有清晰的说明,是归学生所有,高校所有,还是MOOC平台所有?这些问题仍然存在争议。

④合理使用原则的缺失。在传统课堂上,教师可以"合理使用"受版权保护的资源。几乎所有实行版权制度的国家都规定了个人合理使用制度。判断合理使用最重要的一条就是使用目的是商业性的还是非营利性的教育活动。在以盈利为目的的MOOC平台中,传统课堂中资源合理使用的原则受到很大限制。李晓明认为,法律不应当只是单纯强调对原作者著作权的保护,它应当在保护著作权与社会高效利用以实现创新之间寻找一个平衡。如果这个问题解决了,MOOC的发展将顺畅得多。[①] 因此,教师、大学、学生和MOOC平台急需构建能合理使用资源的新模式,使传统课堂中被认为是"合理使用"的情形也适用于在线课堂上。[②]

3.高校图书馆MOOC版权服务的主要内容

①版权清理。版权清理这一术语源于美国CCC公司,其主要内容为从权利人处取得许可,储备有版权的作品,作为版权人的代理人再将作品批量许可给需要使用作品的机构(如高校研究机构等),或者以文献传递以及其他使用文本的方式一次性许可给使用者。高校图书馆MOOC版权清理主要是在某一特定阶段,高校图书馆为了避免MOOC的制作者和学习者在利用独立版权的信息资源时可能产生的版权纠纷,通过一系列的

---

① 李晓明.MOOC理念打开了一扇创新的大窗户[J].中国网络教育,2013(4):24.
② 彭羽佳.MOOC环境下高校图书馆版权服务研究[J].大学图书情报学刊,2016,34(6):74-77.

合法手段对使用的独立版权信息资源进行处理的工作。为了更好地推动MOOC的发展，避免因为版权纠纷而影响MOOC学习，大学图书馆必须首先对使用的信息资料进行版权清理。Wu Kerry认为，在所有的角色中，图书馆的任务是清理版权。[1] 清理版权的目的是厘清MOOC课程制作过程中使用的信息的版权性质是什么，区分作品的类型，明确版权人以及授权条件等等。

目前，高校图书馆MOOC版权清理工作的内容主要是对MOOC所需资料的版权状况进行整体的筛选归类和定性，确定哪些资料是在法律规定的合理使用范围以内并进行版权声明，哪些是需要取得版权人的许可，哪些材料可以自由使用，以及对部分资料的版权归属进行分类。同时，图书馆员对慕课引用中资料的版权信息开展调查，确定版权状态后，进一步对辨析的结果进行分类并进行标注，同时提出相关版权申请的建议。

②版权许可申请。对于MOOC中的第三方版权资料的使用，往往是大学图书馆作为中介来获得授权，而不是教师直接从著作权人和权利人团体那里获得。MOOC版权许可申请，就是在MOOC环境中，对于MOOC课程中必须使用的非自主版权资源，由教师向大学图书馆提出授权申请，然后由大学图书馆与版权人或者权利人团体进行沟通协商，积极争取获得授权的工作。

高校图书馆MOOC版权许可申请获得的授权一般分为单独授权和集中授权、百货商店授权模式三种。单独的授权，一般是指针对教师提出的使用个别文献的授权，大学图书馆可以直接与版权人进行协商。集中授权是指大学图书馆针对教师提出的使用信息资源集中与某个出版单位或者版权代理公司进行协商并签下相关版权协议。百货商店授权模式的主要适用对象为同一版权作品衍化的各种形态的作品授权。大学图书馆通过集体管理、组织等购买获得授权，避免了作品的再创造而引起的版权纠纷。

---

[1] Wu Kerry.Academic Libraries in the Age of MOOCs[J].*Reference Services Review*，2013，(3)：576-587.

③寻找免费资源。版权的私有性严重制约着信息资源在MOOC课程中的无缝融合，大学图书馆作为信息集散地有必要为MOOC寻找可替代的免费资源，避免侵权的风险。S.hoover建议，图书馆应通过识别或采集开放获取的公共领域或者其他可以免费得到的资源，作为对限制版权资源的替代嵌入MOOC课件及其教学。① 目前，国外很多大学图书馆积极提醒教师对可替代资源的关注并积极帮助教师寻找可替代资源，比如说，加拿大温莎大学图书馆提醒教师在使用受版权保护的作品前，寻求图书馆的帮助来寻求可用的替代资源。美国杜克大学图书馆通过学科仓储、机构仓储、OA期刊和其他按照CCL许可的资源对开放资源进行整理并汇总。②

4.高校图书馆开展MOOC版权服务的意义

①MOOC版权清理服务是图书馆的应有之责。服务是图书馆的第一宗旨，目前无论是教师、教学机构，还是MOOC发布平台，都普遍缺乏版权清理的手段和经验。高校图书馆作为重要的信息服务机构，在资源、技术以及专业人员等方面都较有优势，高校图书馆的资源优势与版权实践为版权清理服务的有效开展奠定了坚实的基础，能够有效地帮助MOOC完成版权清理工作，促进MOOC的实践和推广。

②MOOC版权清理服务是图书馆服务创新的内在要求。创新是高校图书馆可持续发展的不竭动力，为了扫除MOOC发展的版权障碍，美国、加拿大、澳大利亚等国家的高校图书馆已经将版权清理纳入图书馆的服务范围，并通过富有创新的举措取得明显成效，成为图书馆工作的亮点。MOOC面临的版权问题为高校图书馆开展版权服务提供了支点，无论是迎难而上，还是倒逼前行，版权清理服务的开展必将大大提升我国图书馆的服务水平，有力地促进图书馆事业的发展。

③MOOC版权清理服务是图书馆彰显社会责任的良好契机。MOOC

---

① 鄂丽君.加拿大大学图书馆的版权信息服务[J].图书馆论坛，2014，(8)：55–58.
② 范小燕.高校图书馆MOOC版权服务的法律风险及其规避[J].农业图书情报学刊，2016，28（12）：101–105.

的兴起突破了教育上时空的局限，使得每个人都可以平等地享受教育资源，尤其是让那些偏远地区、家庭贫困的学生能够享有良好的教育资源。高校图书馆资源的共享性、社会服务性日趋增强，这与MOOC的开放性、包容性相契合。现今MOOC课程已遍及国内大部分高校，图书馆要以此为契机，帮助其清理发展过程中的障碍，尤其是版权障碍，让所有人更好地共享教育资源，缩小信息差距。① 从这个意义上说，为MOOC提供版权服务是高校图书馆彰显社会责任、树立社会形象的明智选择。②

（二）高校图书馆参与MOOC版权服务的可行性和角色定位

1.高校图书馆参与MOOC版权服务的可行性

高校图书馆作为学校的教育辅助机构，其服务核心任务是支持教师教学和学生学习。图书馆在MOOC中积极提供版权服务，可以拓展其发展空间，彰显自身价值。另外，高校图书馆作为文献信息中心，在提供馆藏资源方面有明显的优势；而具有较高版权素养的馆员更是承担MOOC版权服务工作的最佳人选。

①方便获取数据资源。MOOC环境倡导自主学习教学方式，使得教学参考资源更加趋于数字化，高校图书馆拥有丰富且版权清晰的数字资源，还有根据本校特色学科和专业优势而自建的各种数据库。资源利用方便、快捷、效率高，并且和网络资源相比，具有稳定性和长久性的优势。③ 这些优势是图书馆参与MOOC版权服务的有力保障。对没有获得版权许可但又是课程不可或缺的版权资源，高校图书馆可通过共有领域、知识共享或其他开放途径来寻找版权级别较低的替代性资源，减少版权清

---

① 周桐.公共图书馆面对MOOC版权问题的应对策略研究[J].知识管理论坛，2015（4）：66-71.

② 何承斌.高校图书馆开展MOOC版权清理服务的困境与出路[J].大学图书情报学刊，2017，35（5）：12-16，37.

③ 祖芳宏，苏军.高校馆藏电子资源的优势及其价值[J].安徽师范大学学报（人文社科版），2003，31（6）：737-739.

理的时间，提高版权服务效率，满足MOOC课程制作的需要。

②综合素质较高的馆员。在新型教育模式下，高校图书馆越来越注重馆员综合素质的培养。高校图书馆馆员除需具有良好的信息素养，由于在日常工作中经常参与涉及版权的实践活动，还需具备较丰富的著作权方面的知识和较高的版权处理能力。馆员可以把用户需要的课程资料控制在合法的版权使用范围内，以免因使用不当产生版权纠纷。很多大学图书馆有自己的版权管理机构，由"版权图书馆员（Copyright Librarian）"和"版权官（Copyright Officer）"负责具体事务。比如加拿大女皇大学图书馆就设立了"版权咨询办公室"，与校内的法律顾问密切合作，为该校师生在版权事务、学习、教学研究及学术交流等方面提供帮助。[①]

③与其他信息机构良好的合作关系。高校图书馆在自身数据资源建设过程中与出版商、发行商、数据库商等信息机构有着长期而良好的合作关系，对于这些信息机构的人员配备、业务开展和运行状况相对了解。高校图书馆可以通过跟这些机构的有效谈判，促使其全部或有条件开放相关资料，为MOOC用户免费或者以较低成本提供所需的学习资源。[②]

④国外大学图书馆版权服务经验丰富。国外大学图书馆积极参与MOOC版权服务，提供了丰富的实践经验供我们参考。斯坦福大学为了缩短版权清理时间，与SIPX合作，让SIPX允许MOOC平台的用户和图书馆课程学习管理系统通过图书馆许可证访问资源，能购买许可范围之外的资源。[③] 杜克大学成立了隶属于图书馆的版权与学术交流办公室（OCSC），为该校师生提供三个方面的版权服务：合理使用原则的指导与咨询；通过协商获得出版商及作者版权许可；寻找可替代的开放获取资

---

① 鄂丽君.加拿大大学图书馆的版权信息服务[J].图书馆论坛，2014（8）：116–120.
② 彭冀晔.大学图书馆MOOC版权清理问题探析[J].图书馆建设，2015（4）：30–33，45.
③ 杨杰，袁永翠.美国高校图书馆开展MOOC服务的实践及启示[J].图书馆学研究，2014（19）：85–89，30.

源。[1] 加拿大温莎大学图书馆、女皇大学图书馆提供版权结算服务，将用于课堂教学过程等活动中受版权保护的作品进行版权结算，旨在帮助教师在遵守加拿大版权法的前提下合理操作。[2] 高校图书馆如何提供版权支撑服务，国外名校图书馆的做法已经日趋成熟，为其他院校提供了可以借鉴的经验。[3]

2.高校图书馆参与MOOC版权服务的角色定位

①版权状态的清理者。Wu Kerry认为，在所有角色中，图书馆的主要任务是清理版权。[4] 清理版权的目的是厘清资源的性质（有版权、无版权、放弃版权、部分放弃版权）、作品类型、版权人（包括权利继受人）、授权条件等。这是一项负荷巨大，需要投入大量时间、资金并且颇费周折的工作。OCLC的调查认为，MOOC的版权清理平均耗时为每门课程380小时。[5] 假若版权信息管理系统中没有某作品，或者版权中介组织未管理某作品，或者某作品是"孤儿作品"，或者是国外作品，那么清理版权的难度将更大。

②版权政策的制定者。按照美国TEACH法案的规定，教育机构必须制定相应的版权政策。由于美国大学的版权管理和保护机构往往设置在图书馆，受图书馆领导，所以图书馆往往成为大学版权政策制定的主体。C.kendrick认为，大学图书馆应对现有的版权政策进行思考，推动适合

---

[1] Fowler, L. & K.Smith.Drawing the Blueprint as Webuild: Setting up a Library-based Copyright Andpermissions Service for MOOCs[J].*D-Lib Magazine*, 2013, 19（7/8）: 7-8.

[2] 鄂丽君.加拿大大学图书馆的版权信息服务[J].图书馆论坛, 2014（8）: 116-120.

[3] 彭羽佳.MOOC环境下高校图书馆版权服务研究[J].大学图书情报学刊, 2016, 34（6）: 74-77.

[4] Wu Kerry. Academic Libraries in the Age of MOOCs[J]. *Reference Services Review*, 2013（3）: 576-587.

[5] Proffitt M. MOOCs and Libraries an Overview of the（Current）Landscaps[EB/OL].[2014-06-11].http://www.oclc.org/content/dam/research/presentations/proffitt/MOOC2013.pptx.

MOOC的版权政策的改进。① 目前,大学图书馆制定的MOOC版权政策主要包括三种类型的版权解决方案,即:合理使用的解决方案、协议解决方案、授权许可解决方案。

③版权行为的指导者。ACRL指出,图书馆应该为用户提供知识产权有关知识的指导和教育,使得各种学术信息能够在法律框架下有序交流。② MOOC环境下,对版权资料的使用涵盖教学的各个环节,包括教学策划、设计、课件制作、学生预习、课堂教学、课后作业、学习互动、拓展阅读等,使用版权资料的方法千差万别,版权问题复杂多变,更有必要得到图书馆的指导。在MOOC中,图书馆还是不可或缺的版权顾问,除了向教师、学生提供将版权资源纳入MOOC的可能性选择外,还要帮助教师、学生深入分析、正确理解、仔细判断Coursera、edX、Udacity等MOOC平台提出的版权协议措辞,指导协议的签订。

④版权许可的服务者。MOOC环境中,授权许可的价值和机制将得到重视。③ 对于MOOC不可避免要使用的第三方版权资料,教师可以向图书馆提出授权服务申请。申请表内容包括:版权人的身份,联系方式;使用该版权材料的目的、方法(包括修改)、适用课程;版权材料是否植入MOOC课件(如教学视频);学生权限;版权资源购买链接等。

⑤替代资源的提供者。版权的存在使大量信息资源不能被随心所欲地融合进MOOC,而图书馆为MOOC寻找和推荐版权替代资源被证明是一种解决问题的可行办法。S.Hoover建议,图书馆应通过识别或采集开放获取的公共领域或其他可以免费得到的资源,作为对版权资源的替代嵌入

---

① Kendrick C, Gashurov I. Libraries in the Time of MOOCs[EB/OL].[2014-04-13].http://www.aserl.org/wp-content/up-loads/2013/11/EDUCAUSEreview-online-MOOC-Overview.Docx.

② ACRL.2012 Top Ten Trends in Academic Libraries : Areview of the Trends and Issue; Affecting Academic Libraries in Highereducation[J].College&.Research Libraries News,2012(6):311-320.

③ 姚伟欣.MOOC时代面临的著作权挑战[EB/OL].[2014-05-22.].http://copyright.las.ac.cn/news/mooc65f64ee397624e.

MOOC课件及其教学。[1] 除超过版权保护期的公有领域资源外,"开放资源"(未超过版权保护期,版权人放弃了部分权利的资源)是最重要的替代资源。[2]

(三)国外高校图书馆MOOC版权服务实践

1.斯坦福大学图书馆版权服务实践

美国斯坦福大学可以说是MOOC运动的主要发起者。斯坦福大学图书馆制定的MOOC版权服务主要包括三个方面:首先,制定全局性的"斯坦福在线教育计划",统筹MOOC教学的同时解决第三方资源获取的版权限制问题;其次,建立一个专门的版权管理职位——在线学习副教务长(VPOL),负责具体的版权结算工作;最后,开展版权教育,为师生们提供专业的版权指南,普及版权知识。具体的版权服务内容如下:

①制定"斯坦福在线教育计划"。MOOC平台是由斯坦福大学进行的一系列在线学习实验支撑和推进的。在各种在线试验的基础上,斯坦福大学图书馆制定了切实可行的"斯坦福在线教育计划",这种在线教育系统已演变成斯坦福大学的"在线高校"。"斯坦福在线教育计划"的具体内容包括斯坦福iTunes U软件课程、YouTube频道广播讲座以及各种励志校园演讲。其中iTunes U是一款富有创意的Apple免费应用课程,它将所有的课程资源浓缩于一体,供学习者使用。通过这个应用,学习者可以享用视频或音频课程,也可以阅读电子书或观看演示文稿。[3] "斯坦福在线教育计划"中的其他实验还包括斯坦福大学的各种课件,斯坦福大学工程课程

---

[1] Clobridge A. MOOCs and Libraries[EB/OL].[2014-06-11].http://www.against-thegrain.com/2013/10/moocs-and-libraries/.

[2] 郝瑞芳.大学图书馆版权管理和版权服务的新视点——关于MOOC建设与发展的思考[J].图书馆工作与研究,2015(4):46-50.

[3] 沪江英语.美国MOOC十大网络免费在线课程[EB/OL].[2015-04-04].http://www.yingyu360.com/a/20140119/11161.html.

的广播以及Class X互动讲座系列活动等。[①] 这些开放性的在线资源是斯坦福大学图书馆内部组织起来的，供斯坦福大学的师生自由获取，不受任何限制，这一定程度上解决了斯坦福大学在MOOC教学中通过第三方获取资源的版权限制难题。

②设立MOOC版权管理者职位。斯坦福大学图书馆不仅服务于学校教学，为教学科研提供充分的教育资源，同时还为校园内信息版权提供相应的服务。经过多年的实验，斯坦福大学图书馆建立了一个在线学习副教务长（VPOL）的职位，该职位以"激发在线学习中的无限创造力和创新"为最高目标，支持在线学习过程中的三个核心领域：教育、生产和平台。VPOL提供了一些对版权结算工作的支持，但是斯坦福大学图书馆所开展的版权结算比较粗放，为努力摆脱这种粗放清算，图书馆开始与SIPX合作。SIPX是起源于加州帕洛阿尔托地区的一家在线管理并分享杰出高校课程材料的公司，现已成为数字资源和在线教育的领导者。[②] SIPX允许斯坦福大学MOOC平台用户以及图书馆课程学习管理系统通过图书馆许可获取资源。

③开展MOOC版权教育。MOOC的兴起推动了斯坦福大学对新兴教育工具的需求，斯坦福大学图书馆在校园版权教育方面非常活跃。2013年斯坦福大学图书馆和学校法律顾问办公室合作，探讨有关在线学习的指导方针和建议。这些指导方针可以在其图书馆官网"Copyright Reminder"栏目中找到，为斯坦福大学信息版权处理提供了比较规范实用的指引。斯坦福大学图书馆注重向MOOC利益相关者阐明自己的政策，确保教师知道在享有研究论文版权的同时，也拥有使用教学资源的权利，并有权把这些教学资源发表在MOOC平台和其他在线学习系统中。与此同时，在该校范围内，图书馆制定的版权指南确保教师能够获取因为版权限制封锁在

---

① Calter M.MOOCs and the Library: Engaging with Evolving Pedagogy[N].IFLA World Library and Infor-mation Congress，2013-05-31.

② SIPX[EB/OL].[2015-04-07].http：//www.sipx.com/.

特定的MOOC平台中的教学资源。①

2.杜克大学图书馆MOOC版权服务实践

杜克大学于2012年开始参与MOOC课程制作，图书馆反应迅速，率先开展针对MOOC的版权支持服务，内容丰富，手段多样，建立了一套完整的版权服务支持体系，并且将其纳入日常工作的范畴，由专人来负责，为本校师生参与MOOC提供强有力的版权支持。在OCLC的专题会议上，作为典型案例的杜克大学图书馆介绍了版权服务的经验，受到同行的广泛关注，并在相关论文中被频繁引用。

①版权服务的背景及准备工作

杜克大学于2012年春天加入Coursera平台，制作和发布相关的MOOC课程。在这一过程中，教师们发现在课堂中习惯引用的各种资料，在MOOC中却受到种种限制。Coursera平台对于第三方版权资料的引用有着十分严格的规定，若违反这些规定，课程将面临被Coursera卸载的风险。② 这些规定严重打击了教师在制作课程时引用第三方资源的积极性。为了排除版权限制带来的困扰，杜克大学的版权与学术交流办公室（Office of Copyright and Scholarly Communication，OC-SC）开始尝试探讨如何为在校师生提供MOOC环境下的版权支持服务。

②杜克大学图书馆版权服务的内容

杜克大学图书馆根据MOOC可能涉及的版权问题，提供3个方面的版权支持服务，分别为："合理使用"的指导及咨询服务；与出版商及作者协商，获得版权许可；寻找可替代的开放获取资源。③

一是"合理使用"的指导与咨询服务。合理使用是适用于传统教学的

---

① 蒋逸颖，周淑云.美国大学图书馆MOOC版权服务实践与启示[J].图书馆论坛，2016，36（2）：121–126.

② Terms of use[EB/OL].[2013-11-15].https：//www.coursera.org/about/terms.

③ Fowler L，Smith K.Drawing the Blueprint as We Build：Setting up Alibrary-based Copyright and Permissions Service for MOOCs[J].*D-Lib Magazine*，2013，19（7）：7–8.

一项重要的著作权例外。MOOC环境中，合理使用的原则依然适用，但是相对于课堂教学，其使用将受到诸多限制。与此同时，MOOC课程虽然从本质上来说是免费提供的（如教学视频），但是其中的一些增值服务，如与身份认证、考试、授予结业证书有关的课件内容等，都是采取有偿服务的形式。例如，Cousera平台上的"签名踪迹"属于收费项目。① 盈利的MOOC模式中，"合理使用"原则应该如何界定？如何在复杂的MOOC版权环境中，充分享受"合理使用"豁免权带来的便利，又有效规避相关的法律风险？这成为MOOC参与者们最为关心的问题之一。

每一门MOOC课程中，创作者都会引用数量庞大的教学素材，如教材目录、图表、图片、录像片段等，用来充实课程内容。图书馆不可能逐一去检视这些材料。为了提高工作效率，杜克大学图书馆制定了一个规范性的指导文件——"版权指南"，帮助教师判断"合理使用"的范畴。②

"版权指南"于2012年8月发布，10月进行了更新。指南制定的目的是为了帮助大家在充满不确定性的MOOC环境中，合理使用受版权保护的材料。指南中关于"合理使用"的界定尽可能清晰，以帮助教师作出准确的判断。然而，为了避免不必要的版权纠纷，指南建议，对于教学内容可有可无的第三方版权材料，应尽量予以删除。在细则中，版权指南对文本、图像、音乐、录音、视频等不同的资源类型界定了"合理使用"的范畴，并明确标出引用时的注意事项。这个指南发布之后产生了重大影响，一方面，该指南成为杜克大学师生参与MOOC时的版权参考依据；另一方面，其他大学图书馆也纷纷效仿，制定版权问题的指导性文件。

二是辅助查找可替代的开放获取资源。对于MOOC课程中需要引用的受版权限制的资源，杜克大学图书馆建议使用并帮助查找可替代的开

---

① 网易公开课常见问题[EB/OL].[2013-11-15].http://c.open.163.com/coursera/faq.htm#/cfaq/faq?s=7.

② Guidelines for Using Copyrighted Material in Coursera MOOCs[EB/OL].[2014-02-13].http://www.dlib.org/dlib/july13/fowl-er/07fowler.html.

放获取资源,包括开放获取的期刊、机构库,参与CC协议的多媒体资源等。图书馆对常用的OA资源进行系统清理,按照学科、资源类型等方式进行分类汇总。同时,鼓励教师将自己的学术成果上传到杜克大学的开放获取仓库——杜克空间,从而使参与课程的学生方便获取。[①] 通过对开放获取资源的宣传及推广,图书馆发现教师版权申请的服务需求大大减少。

与此同时,一些MOOC开发商开始寻求与出版商合作以获得授权,在平台上提供免费使用的资源,借以提高平台的竞争力。这部分资源已经获得出版社授权,因此使用时无须考虑版权问题和费用问题,图书馆将其作为开放获取资源的重要补充,引导教师予以充分利用。

三是版权许可申请。对于课程中必须要用到的第三方版权资料,杜克大学图书馆提供版权许可的申请服务。教师向图书馆提交版权申请,然后由图书馆与版权所有者进行沟通和协商,争取获得授权。教师在申请中必须回答以下问题:课程中引用这个素材的目的?运用于什么课程?是否加以修改或进行评论?是否是素材的作者本人?是否愿意添加一个购买信息的链接?这些素材是否会嵌入到教学视频中?这些素材学生是否可以下载?是否愿意以超链接的方式引用素材?通过回答这些问题帮助版权所有者判断是否予以授权。同时,为了使申请过程更为快捷,申请人必须提供资料的详细信息,包括题名、作者、日期、URL、页码、视频的时间码等。

版权申请服务刚开始运行时,图书馆没有设定严格的时间期限,后来进行了修正,增加了相关内容。图书馆要求教师必须在课程上线的10周前提交申请,以保证工作人员有足够的时间进行处理。如果在课程上线前的6周,申请依然没有得到回复,图书馆将建议教师寻找其他替代资源。虽然申请的过程十分曲折,遭到拒绝或不回复的情况也让人十分沮丧,但

---

① Duke Space[EB/OL].[2014-01-15].http://dukespace.lib.duke.edu/dspace/.

是，申请的成功率以及给教师带来的便利，让图书馆觉得这项工作付出的时间和精力是值得的

③对版权服务效果的测评

为了评估服务效果及改进后续服务，2013年5月，图书馆向15位教师发放了调查问卷，10位教师予以反馈。参与调查的大部分教师表示，版权障碍严重影响了MOOC课程的质量及进程，图书馆提供的3项版权服务令人满意并且很有价值。同时，调查结果也揭示了版权服务中的一些问题。针对调查结果反馈的问题，杜克大学图书馆对相关服务流程进行了改进。首先，对版权申请服务设定更为严格和清晰的时间表，版权申请的流程遵循时间表的安排，并及时反馈处理结果。其次，加强版权申请过程中与老师的互动沟通，而不仅仅是通知处理结果。工作人员将版权申请的最新进展及时向教师通报，并根据时间表给出相关的处理建议。①

3. 宾夕法尼亚大学图书馆MOOC版权服务实践

①图书馆积极参与MOOC服务。宾夕法尼亚大学秉承开放学习的宗旨，努力为公众提供高质量在线课程，以降低实体校园之外的大学门槛。该校较早采用了MOOC，于2012年为Coursera投资200万美元加入该MOOC平台，作为回报，Coursera让教师通过该校的教学中心设计自己的开放式课程。② 2013年3月，宾夕法尼亚大学图书馆与OCLC研究部联合主办以"图书馆与MOOCs——巨大的机遇还是压倒性的挑战"为议题的论坛，宾夕法尼亚大学图书馆提出，在MOOC环境下，图书馆将在版权服务、资源、技术等方面给予MOOC最大的支持。数年来，该图书馆一直致力于为教师制作MOOC提供支持，真正地参与到校内MOOC的制作中。为了帮助教师制作MOOC课程，该图书馆发布了"免费的在线学

---

① 张丹，龚晓林.大学图书馆参与MOOC版权服务的实践及启示——以杜克大学图书馆为例[J].图书情报工作，2014，58（10）：90-93.

② Lisa Peet.纽约公共图书馆与宾夕法尼亚大学合作提供MOOC支持[EB/OL].[2016-03-31].http://mooc.lib.szu.edu.cn/?p=2961.

习工具箱",① 分为10个主题,包含将知识付诸MOOC课程的所有必要内容,并将"版权与归属"作为其中一个主题,还在图书馆网站为MOOC的版权问题专设栏目,足见该图书馆对MOOC尤其是MOOC版权服务的重视。

②有专门的馆员负责MOOC版权服务。鉴于MOOC涉及复杂的版权问题,宾夕法尼亚大学图书馆安排专门学术交流馆员(CR专家)负责MOOC的版权服务,CR专家被邀请参加MOOC启动会,并要求教师在MOOC启动的前几个月提交一个谷歌文档申请版权清理,以辅助教师获得版权许可。除此之外,CR专家还负责制定MOOC的版权指南;为教师提供查找资料的线索,提供图书馆拥有的资源的访问路径;回复教师的版权咨询;辅助教师确定资料的版权状态;帮助教师使用开放资源库,等等。②

③详细的版权指南。MOOC平台Coursera是一家营利性公司,允许面授课堂使用受版权保护材料的版权例外不适用于Coursera的课程,所以合理使用受到诸多限制。而制作一门MOOC课程,教师需要引用大量的教材、图片、视频等,如果图书馆一一进行版权清理,工作量巨大。所以,宾夕法尼亚大学图书馆制定了版权指南,帮助教师判断合理使用的范畴,减轻图书馆版权清理的负担,以便图书馆将精力聚焦在核心问题的解决上。在图书馆网站上设置有专门的网页"支持出版和教育的版权资源",包括:版权基本知识、合理使用、获得许可、避免剽窃、引用、教学资源的版权问题、MOOC的版权问题、出版物的版权问题,等等,向教师普及版权知识。宾夕法尼亚大学图书馆针对MOOC课程制订了合理使用细则,要求教师尽可能使用开放资源,如果必须引用他人版权作品,应标注

---

① University of Pennsylvania.Penn Online Learning Initiative[EB/OL].[2016-03-31].http://onlinelearning.upenn.edu/re-sources/instructor-resources/toolbox/.

② Penn's Guide to Cpyright Isues in MOOCs[EB/OL].[2015-12-26].http://guides.library.upenn.edu/copyright/publish-ing.

原始来源的归属，控制引用的数量或对引用资源进行适当的变化或变形等，指导教师如何规避引用图片、音频、视频资源等不同的资源类型的侵权风险，以此来降低被"取下"的风险。除此之外，宾夕法尼亚大学图书馆在网站上为教师提供了查找MOOC所需资料的指引图，帮助教师厘清资料的版权状态和获取资料的路径。图书馆还提供了"免费的在线学习工具箱"，其中的"版权与归属"主题，详细讲述版权注意事项和图书馆提供MOOC版权服务的流程。

④受理版权许可申请。在MOOC课程中如果使用第三方版权资料，需要取得版权人的许可。宾夕法尼亚大学图书馆的CR专家将协助教师获得版权许可、洽谈使用费用等。教师在MOOC启动的前几个月提出许可申请，CR专家会询问教师是不是必须使用这些版权资料，是否可以用开放资源来替代，并告知教师版权申请需要等待的时间。图书馆提醒教师，即使MOOC中使用的是教师本人的科研成果，但如果已经发表，并同出版社签订了版权转让合同，教师需要向图书馆提交版权许可申请表，获得出版社许可，这类申请得到的回复会很快，一般不需要支付费用；如果是第三方版权资料，提交申请表后最多需要6个月左右等待审核，教师可以随时查看CR专家同版权人的洽谈进展，图书馆代理支付费用（费用最终由学校或教务处提供），但也有可能没联系到权利人或不能有效支付费用，而不得不放弃对这部分资料的引用。总体来说，这种图书馆与版权人——洽谈获取许可、支付费用的结算模式比较粗放，效率不高，有待改进。

⑤辅助教师查找开放资源。在MOOC中引用版权资料需要支付昂贵的费用，需要漫长的许可授权等待，而开放资源是可以免费即时获取的，所以，尽可能地使用开放资源是不错的选择。目前，随着共享意识的增强，越来越多的个人和机构愿意将自己的成果免费提供，出现很多OA仓库，参与CC协议（知识共享协议）的学者也越来越多。很多高校图书馆纷纷建立自己的开放资源库，宾夕法尼亚大学图书馆鼓励教师将自己的学

术成果提交到开放资源库,建立了"创新空间"等开放资源库。同时,为了方便教师快速查找开放资源,建立了指引库,帮助教师获取开放资源的路径,如"开放图片资源指引库"(FindingOA Images Guide)、"出版的学术公共空间指引库"(Publish in Sholoarly Commons)等,以此来辅助教师快速获取开放资源。

4. 加拿大温莎大学莱迪图书馆MOOC版权服务实践

①版权指南。加拿大温莎大学莱迪图书馆(LeddyLibrary)的版权指南不同于宾夕法尼亚大学:一是后者主要是从教师使用第三方资料的角度制定的,而前者是针对教师、作品创作者、研究生和本科生等不同用户制定的,内容更加具体,不仅为教师制作MOOC,而且还为MOOC的使用者提供版权指导;二是后者主要是指导教师如何合理使用、如何获得版权许可,而加拿大大学协会制定了"公平交易政策",作为行政指令在各高校执行,所以前者除了指导教师合理使用,还指导教师在公平交易政策下如何使用他人作品。具体内容如下:

一是"版权指导方针和要求",包含"版权指南和流程图""对教职工的版权要求""公平交易政策"等,是对著作权法的一个基本总结,帮助教师了解什么是可以做的,什么是不可以做的。

二是"版权常见问题解答",要求教师或者学生在复制资源前,需要对资源的性质进行分类,是图书馆授权资料?是开放存取资源?是免费的公共领域的材料?还是学术作者授权的资料?你是作者还是版权所有者?还是你两者都不是,而仅仅是使用者?指导教师在幻灯片或者在MOOC中如何合理或者合法地引用他人的图片、音乐、视频、杂志文章或者一本书的几页、数据库资料等。

三是"版权资源",指出可利用的开放资源,提供这些资源的链接,如"开放存取的温莎""其他开放在线资源"等。

四是莱迪图书馆版权许可信息,如"电子资源许可条款",在做电子资源时哪些是允许的,哪些是不允许的,等等。

②版权结算。2011年3月温莎大学实行公平交易政策,并作为一种行政指令执行。公平交易政策相当于国内著作权法中法定许可,即在某些特定情况下,可以不经作者或其他版权人同意而使用其已发表的作品,但需要向作者或其他版权人支付费用。教师制作MOOC通过图书馆获取受版权保护的作品,需遵循此公平交易政策,同时,图书馆工作人员确保课程中所引用的馆藏作品已经进行版权结算。温莎大学的教师还可以通过"温莎协作与学习网站"(Collaboration and Learning Environment Windso,CLEW)获取受版权保护的作品的复印件。制作MOOC如果需要引用第三方资料,可以填写版权结算申请表,并提供文件清单,说明要引用的部分,提交给图书馆,图书馆工作人员将与教师进行必要的沟通,确保资料能够及时结算,一般需要6~8周时间,每一次使用都需要重新申请。①

③开放资源库。MOOC制作中需要引用大量的文本、图片、视频等,教师使用开放资源可以避免版权申请和版权纠纷。温莎大学图书馆网站提供很多开放资源(OA)的链接,主要有加拿大公共科学图书馆、公共空间、开放存取期刊目录、开放存取机构目录,等等。温莎大学图书馆还自建开放资源库——"开放存取的温莎",包含有开放期刊、开放存取图书、开放存取馆藏,等等,② 同时在网站发布开放存取常见问题、温莎开放存取政策等,为教师制作MOOC获取可替代受版权保护作品的文献提供帮助。而且,温莎大学是几个OA出版商的支持者,本校作者在这些出版物上发表科研成果可享受版面费折扣,为此温莎大学莱迪图书馆建立了作者开放支付门户。③

---

① University of Windsor Library.Copyright Resources[EB/OL].[2015-12-30].http://leddy.uwindsor.ca/copyright-resources.

② University of Windsor Library.Open Acess[EB/OL].[2015-12-30].http://leddy.uwindsor.ca/open-access.

③ 王小平.国外高校图书馆开展MOOC版权服务的实践与启示——以宾夕法尼亚大学和温莎大学为例[J].情报理论与实践,2016,39(12):140-144.

（四）国外高校图书馆MOOC版权服务的启示

国外高校图书馆的版权服务内容丰富，形式新颖，取得较好效果，节省了图书馆版权结算的时间，提高了工作效率，减少了版权纠纷，更好地维护了各方利益，使MOOC教学得以顺利开展。[①] 国外高校图书馆MOOC版权服务对我国的启示具体分为以下几个方面：

1. 图书馆应该积极参与MOOC版权服务

美国、加拿大高校图书馆都设立了专门的版权办公室，指定专门的馆员，帮助教师和学生处理版权事务。高校图书馆在MOOC中具有多种版权身份，如开展版权教育咨询和版权教育、版权清理、版权许可、替代资源推介等。高校图书馆是学校的信息服务机构，拥有丰富的馆藏，可以为MOOC提供丰富的资料，与出版商、发行商、数据库提供商有长期的合作关系，有利于进行版权结算，所以图书馆具备协助大学处理版权事务的有利条件。我国图书馆学的一个研究方向就是知识产权保护，但是每年培养该方向的研究生并不多，再加上高校图书馆招聘图书馆员很少要求具备版权知识背景，致使图书馆缺乏版权知识，对校园版权服务参与度不高。因此，图书馆需要聘请具备专业版权知识的人才担任版权服务馆员，并鼓励现有馆员学习版权知识，为校园内的版权管理工作提供人才保障。[②]

2. 设置和配备专业版权管理机构和人员

①配置兼职学科馆员。培养或招募有法学（特别是知识产权）和教育学背景的馆员，主要职能是在担任学校法学院的学科馆员同时，参与图书馆的版权咨询服务，设计线上的版权指南以及线下的版权指导方案。

②设立虚拟版权服务中心。版权处理中心可以不设实体，而是通过线上网络的方式提供信息和咨询服务，其内部人员组成来自学校的各个分支

[①] 蒋逸颖，周淑云. 美国大学图书馆MOOC版权服务实践与启示[J]. 图书馆论坛，2016，36（2）：121-126.

[②] 王小平. 国外高校图书馆开展MOOC版权服务的实践与启示——以宾夕法尼亚大学和温莎大学为例[J]. 情报理论与实践，2016，39（12）：140-144.

机构和部门，例如开放资源模块交给馆员，远程教育模块交给教育学院教师，法务模块交给学校法律顾问，视听服务模块交给信息技术部门等。

③设置实体版权办公室。通过在高校内或者高校图书馆内部设置专业版权信息处理机构，集中处理一切MOOC版权相关事务。即使并非图书馆下设的版权办公室，也会通过一定渠道与图书馆联系和进行服务扩充。

3.提供规范多元多层次的版权服务

国外高校的版权处理机构对MOOC版权问题有各自不同的解决方案，但是大致参照如下流程：版权素养培训（旨在提升版权意识和知识）→针对MOOC授课教师或团队培训（旨在发现或预防版权问题）→版权咨询（初步了解）→深入解决版权问题（三大途径：版权指南、版权清理和寻找替代资源）。区别主要在于流程细节，也就是每个环节以及环节具体落实的时候有差异。国内可以参考借鉴的作法具体如下。

①开展常规化的版权素养教育。定期的授课培训是一种非常有效的做法。以季度或年为单位，组织安排版权方面的培训课程，课程内容可以是邀请校外人士来演讲，也可以是校内版权专家讲解版权知识和技巧，或者是不定期举办多方讨论会。

②设计集约化的版权指南。MOOC版权指南由于精准定位在MOOC平台上，因此这一类指南往往更加细化。根据详细程度的不同，分为MOOC指南手册和MOOC版权指南网页。一般而言，手册会分成手册指引介绍、课程使用材料介绍、合理使用、公有领域等专题以及资源链接导航等内容。而MOOC版权指南网页通常浓缩了与MOOC密切相关的版权知识和本校解决版权问题的主要做法。

③帮助明晰版权归属、提供定制化的版权清理服务。高校图书馆在制定MOOC版权政策伊始就应该明确MOOC课程的版权归属。要区分MOOC课程的创作是受委托、资助、履行其他协议或是履行雇佣职责而为，以及是否利用了大量的学校资源等。这将决定版权作品的类型是合作作品、独立作品、委托作品还是职务作品。版权作品的类型不同，会导致

版权归属的判定结果之变化。版权清理的核心环节是确认版权状态和获取版权许可。对实在难以找到所有者的材料的情况，务必发布版权声明并附上联系方式，以便日后版权所有者发现问题后进一步商议。对于能够找到作者的版权作品，要注意进行谈判以获取版权许可，通常这样的版权谈判会集中在版权授权费用上。如果上述环节都难以奏效，那么版权专家还可以联系图书馆或者校外的开放教育资源组织，提供开放教育资源。①

4.建立开放资源库，提高知识共享意识

涉及第三方内容许可的困难使得美国大学很多图书馆员专注于替代品的获取。这些替代品都是开放或公共领域的内容，主要有两种形式：一种是公共领域的资源，另一种是在创作共享或开放许可环境下提供的资源。当遇到较难申请或申请需要耗费大量时间、精力、资金的版权时，杜克大学图书馆能通过OA期刊、OA仓库以及参与CC协议的多媒体资源等途径，帮助教师寻找可替代的开放获取资源来完成教学任务。这种版权服务的形式赢得了教师的认可，很多教师认为，在MOOC课程中使用无版权的开放获取资源更方便，能达到使用第三方版权资料的同等效果。这也值得我国大学图书馆借鉴。大学图书馆作为大学重要的教辅机构，有能力帮助教师识别和定位无版权限制的替代资源，并且通过对开放获取资源的宣传与推广，来培养教师、图书馆员以及校内的其他学术创作者树立开放共享的思想，积极鼓励各种研究成果的共享，建立学校内部的学术共享空间，为MOOC教学提供素材。②

（五）我国高校图书馆开展MOOC版权服务的路径

由于我国的版权保护工作起步较晚，MOOC版权问题未引起高校教

---

① 郝群,张立彬,周小康.国外高校图书馆MOOC版权服务的调研与启示[J].图书情报工作,2019,63（14）：111-120.

② 蒋逸颖,周淑云.美国大学图书馆MOOC版权服务实践与启示[J].图书馆论坛,2016,36（2）：121-126.

师的足够重视。但是，随着MOOC制作引用资料的增多和MOOC传播范围的扩大，部分MOOC课程由于涉及侵权被迫停开或下线，MOOC版权问题的重要性逐渐显现。图书馆具备信息资源、信息技术及学科服务等多方面优势，是高校解决MOOC版权问题的重要机构。高校图书馆应积极借鉴国外MOOC版权服务的先进经验，结合国情、馆情，思考开展MOOC版权服务的有效路径。

1. 重视版权教育工作

从国外高校图书馆的实践经验看，MOOC版权清理耗时费力，且难以达到预期效果，[①] 而版权教育易于管理，针对性强，效果好。所以，我国高校图书馆应把加强对师生的版权教育、提升其版权意识作为最基础的服务路径。首先，应按照《全国知识产权教育培训指导纲要》[②] 的要求，推进图书馆版权教育培训体系建设，加强与版权行政管理部门的联系，普及版权知识。其次，应以MOOC版权普及教育为主，着重提高师生管理版权的实务能力。

高校图书馆可以通过网络、电话、邮件、面对面咨询等方式解决师生遇到的版权问题；可以定期刊印版权知识手册向师生发放，宣传版权法规；可以在网站和移动学习终端设置宣传知识产权法规和MOOC版权政策的专栏；可以借鉴美国高校图书馆的经验，由图书馆制定版权指南，系统整理MOOC使用中的版权问题。当然，仅靠上述方式推广MOOC版权认知还远远不够，图书馆还可以将版权教育纳入入馆教育和培训体系中，组织开设与信息版权处理相关的课程，在全校营造"保护创新，尊重版权"的氛围，激励原创和公共领域资源的共享。[③]

---

① 蒋丽丽，宋海艳，陈幼华.试论MOOC背景下高校图书馆的服务创新[J].图书馆工作与研究，2015（11）：79-82.

② 全国知识产权教育培训指导纲要[EB/OL].[2017-02-04].http：//www.sipo.gov.cn/tz/px/201310/t20131023_827553.html.

③ 陈勇.基于MOOC的版权管理和版权保护问题研究[J].科技与出版，2015（2）：102-106.

2.提高馆员的版权服务能力

版权服务工作的专业性和技术性决定其必须由专业人员负责。作为版权馆员，要想胜任MOOC版权服务工作，除需具备良好的信息素养、MOOC素养及主动服务的意识外，还必须具备较丰富的知识产权知识、较强的版权处理能力以及熟练使用数字版权技术及资源的能力，如数字水印技术、数据加密技术、电子认证技术、分角色授权技术等。我国高校图书馆MOOC版权服务应与嵌入式学科服务有机结合，馆员必须积极融入MOOC教学活动，以学习者的身份注册MOOC，亲身参与MOOC课程的学习。此外，馆员还应具备正确辨析教师MOOC设计所提交资料的版权状况的能力，把所用的课程资源控制在合法的版权使用范围内。

目前，我国高校图书馆尚无专门从事MOOC版权服务的馆员，应综合学历、学科知识背景、版权管理经验、公关能力、研究能力、组织能力等方面条件设定任职资格，引进具备专业法律知识的人才，专门从事版权服务工作。有条件的图书馆可以设置MOOC版权馆员岗位，组建MOOC版权管理团队，其成员可由版权馆员、参考咨询馆员、学科馆员、教学管理人员、课程设计专家、教师、法律工作者等组成。此外，高校图书馆还应积极争取学校政策支持，加强对MOOC版权馆员的继续教育，为其提供成长空间，定期开展各种版权保护法律法规知识更新培训，以适应相关法律法规重新修订等新情况。

3.建设MOOC专用资源库

在完全开放的MOOC学习环境中，教师对具有版权的资源的使用会受到更加严格的限制。为有效解决MOOC"资源荒"问题，降低版权风险，[①] 高校图书馆寻找和推荐替代资源，建设MOOC专用资源库，使其能够合法用于MOOC课程，不失为一条卓有成效的版权服务路径。图书馆要运用先进的数据挖掘和数据分析技术，采集资源并进行跨库整合、集成

---

① 彭冀晔.大学图书馆MOOC版权清理问题探析[J].图书馆建设，2015（4）：30-33，45.

和揭示，构建MOOC专用资源库，完善系统功能，方便师生检索。资源库的资源可以包括以下4个方面的来源：一是公共领域资源。包括不受版权保护、超出版权保护期或虽未超出保护期但权利人主动放弃部分权利、允许他人自由免费获取的资源，还有参与CC协议（知识共享协议）的多媒体资源等。二是开放获取资源（OA资源）。它是指经过作者许可、可免费获取的、存在于开放获取期刊、开放获取仓储以及个人Web站点等的资源。三是校内师生掌握的具有自主版权的资源。图书馆可以与学校的一些部门合作，推动本校机构库建设。很多教师即是MOOC资源的创作者，可建议他们在与出版商签订版权转让协议时保留在本校机构库中存档备份的权利，通过制定相关激励政策，鼓励师生在确保知识产权无争议的前提下，将这些资源上传到资源库中，供本校师生使用。四是由出版商出售或转让的资源。即图书馆或MOOC平台提供商通过与出版商合作，购买或由其赠送、免费转让的资源。

4. 推动版权政策建设

MOOC开放平台目前主要依据《数字千年版权法案》（DMCA法案）的避风港原则，辅以"告知—拿下"政策处理相关的版权纠纷。[①] MOOC用户因自身欠缺版权专业知识或不能及时了解最新版权信息，而依赖于MOOC平台和高校图书馆提供的版权服务。如果MOOC平台和高校图书馆不能依据权利人提示及时采取措施，就会使用户陷入侵权风险。这对MOOC的健康发展极为不利，也促使教育界、出版界、图书馆界等联合起来，重新思考现有版权政策的适用性，寻求更多的法律和政策支持，版权政策改革已成必然。[②] 一直以来，我国图书馆在版权政策方面一直缺乏话语权。MOOC版权服务背景下，作为版权处理专家或咨询专家，图书馆员丰富的版权实践经验将促使他们在版权政策的制定、完善和改进方面

---

① 叶文芳，丁一.MOOC发展中的版权制度研究[J].科技与出版，2014（2）：13–17.
② 白娟.MOOC发展中的版权管理分析与数字版权保护[J].图书情报工作，2016（S1）：37–40.

提出更多的合理化建议。

目前，我国已经出台数字版权管理的相关法律法规，但操作层面仍不够细化，关于MOOC的版权主要是以协议的形式约定各方权利。① 鉴于MOOC版权问题的复杂性、新颖性，建议由教育主管部门或图书馆学会牵头制定行业性的版权指导政策；各级政府部门进一步完善数字版权立法，细化相关条款；进一步扩展《著作权法》第二十二条、《信息网络传播权保护条例》第六条中的"课堂教学"词义内涵，使其包括"在线教学"，同时对"少量"作出明确合理的界定；突破《信息网络传播权保护条例》中将网络法定许可局限于义务教育或国家教育规划的限制。②

MOOC给高等教育带来了机遇，同时也面临着巨大的挑战，因为版权问题一直困扰着MOOC的发展。MOOC在制作过程中会用到大量的图书、音频、图片、视频等资料，这些资料很多都有独立版权。MOOC发展过程中所涉及的版权问题非常复杂，单靠某一机构的力量是远远不够的。高校图书馆、政府、社会必须相辅相成，三管齐下，才能取得明显效果。我们在借鉴别人先进经验的同时，也要积极思考、探索推动我国MOOC版权服务走上高校主体、政府支持、社会参与的良性发展道路。相信随着MOOC的不断深入发展，高校图书馆的版权服务工作也将会更加完善，积极开展MOOC版权清理服务，更好地促进MOOC的发展。

---

① 关于国家精品开放课程建设的实施意见[EB/OL].[2017-02-06].http://old.moe.gov.cn//publicfiles/business/html-files/moe/s3843/201111/126346.html.

② 胡绍君.高校图书馆开展MOOC版权服务的路径探索[J].图书馆工作与研究，2017（10）：86-90，95.

第四章　慕课宣传推广理论与实践

MOOC是指大规模网络开放课程，以其免费开放的理念和全新的教学模式正在引发一场学习革命。MOOC在线学习浪潮的涌现使得教育变得更加公平开放，为所有人接受名校名师提供了新的机会。只需一根网线，你就可以足不出户，光明正大的聆听名校名师的课，一睹你崇拜已久的大师的授课风采。与此同时，MOOC平台本身也是一个终身教育的平台，为广大师生提供一条终身学习的新途径。宣传推广MOOC的主要目的是让全校师生认识MOOC、了解MOOC，参与到MOOC学习与建设中。

师生们在MOOC学习过程中，也遇到了一些问题：如对MOOC的认知程度有待提高；缺乏所需MOOC课程的获取途径；缺乏学习和交流空间；需要MOOC课程和学习资料的整合平台等。高校图书馆是为学校教学和科研服务的辅助机构，是读者独立获取知识和技能、培养创新能力的第二课堂，为教师的教研和学生的学习提供支持始终是其核心职能。虽然MOOC的主导者不是图书馆，但是图书馆可以积极参与进来，着力宣传推广MOOC学习，为MOOC提供教学服务，积极发挥自身职能服务本校师生，对于高校图书馆来说，有利于其在新型教育环境中争取发展空间，彰显自身价值。

一、图书馆开展慕课宣传推广的必要性

（一）图书馆提升自身价值的需要

图书馆是社会需求的产物，其天职就是为社会提供服务。图书馆服务价值是图书馆运用现有的科技手段，充分调动和发挥图书馆工作者的主观能动性，充分利用自身所掌握的各种资源，高效、优质服务于读者及社会，从而最大限度地满足社会的需要。[①]MOOC作为当今一种秉持优质教育全球免费共享理念的先进教学模式，无疑为莘莘学子带来了福音，在国内众多高校纷纷以行动来践行这一理念之际，图书馆也迎来了一个跨越发展的新时期。图书馆在MOOC环境下应该重新定位自己的角色，主动参与，提高自身的服务能力，积极搭建平台，拓宽渠道推广，让更多人知晓和分享名校师资，把更多优质课程推介给求知者，为MOOC学习者提供更好的服务，才能在竞争激烈的信息时代赢得良好的发展空间，彰显自身价值。

（二）慕课在大学教育中的广泛应用

1.国内参与MOOC教育的高等院校数量逐年上升。目前国内比较成熟的慕课平台有学堂在线、中国大学MOOC、好大学在线、智慧树、华文慕课等数十个。在这些平台中参与的高等院校数量逐年上升，越来越多的高等院校通过MOOC平台或是自建MOOC平台参与MOOC教育。参与的院校增多，使得慕课平台上的课程数量增多，课程范围增大，内容丰富化。

2.MOOC平台的功能及技术不断改进、发展。随着计算机技术的发展，MOOC平台的功能不断完善。现在的慕课平台具有的功能有视频上传、在线视频观看、师生互动功能、学生间互动功能、学生在线考评、学

---

① 陈介夫.关于图书馆服务价值的哲学思考[J].图书馆理论与实践，2009（7）：9-11.

生学习过程监测、学生学习数据分析等功能，不但能满足正常教学、互动、评价等功能需求，还能对学生的学习效果、学习时间等数据进行分析，帮助教师对课程进行改进。

3.政府部门对慕课越来越重视。自2010起，随着"互联网+"概念的流行，以及我国慕课平台注册人数增多，政府相关部门相继推出鼓励慕课发展的政策和法规。2015年4月，教育部印发《教育部关于加强高等学校在线开放课程建设应用与管理的意见》，指出近年来大规模在线开放课程（"慕课"）等新型在线开放课程和学习平台正在促进教学内容、方法、模式和教学管理体制机制发生变革，给高等教育教育教学改革发展带来新的机遇和挑战。2016年1月，教育部再次印发《教育部关于办好开放大学的意见》。2016年2月，教育部办公厅印发关于《2016年教育信息化工作要点》的通知，要求加强高等教育优质数字教育资源开发与应用。[1] 2019年9月，教育部等十一部门联合印发《关于促进在线教育健康发展的指导意见》。同年10月，教育部印发《教育部关于深化本科教育教学改革全面提高人才培养质量的意见》，提出"实施国家级和省级一流课程建设'双万计划'，着力打造一大批具有高阶性、创新性和挑战度的线下、线上、线上线下混合、虚拟仿真和社会实践的'金课'"[2]。

（三）MOOC是培养大学生创新能力的有力支撑，对大学生个性化发展起到巨大的推动作用

MOOC由于具有全面开放的模式、海量优质的课程资源、独特的教学设计和授课方法、个性化的学习和考核方式以及国际化的文化环境五个

---

[1] 耿会君.MOOC在高等教育中的推广策略研究[J].高教学刊，2017（18）：49-51.

[2] 郑小军.慕课发展历程回顾与全方位深度解读[J].广西职业技术学院学报，2022，15（3）：66-74，80.

方面的特点，可以为大学生创新创业能力的培养带来机遇。[①]MOOC的出现打破了知名大学的围墙，打破了高校教育资源的时空限制，随时随地满足大学生的学习需要。MOOC有固定的开课时间，有作业有考试，如果在学习中有问题，还可以在课程论坛发帖求解，可能会得到来自世界任何角落的"学霸"的解答，考试通过后有的还会授予证书。所以，对于学生而言，MOOC让他们接触到更多高质量的免费课程内容，从而激发其学习兴趣。学生们可以根据自身需要将各学科联系起来，个性化组合MOOC课程，营造创新型学习环境，推动大学生创新创业能力的培养。[②]

（四）大学对慕课的了解使用与慕课的发展不匹配

在校大学生对MOOC的认识多停留在听过、曾经使用但不经常使用的阶段。这说明MOOC在学生中普及率并不高，很多人只是听说，并未有实践的经验，或者没有把MOOC作为一个获取知识的学习途径。MOOC在校园内的应用亟待提升。

1.郭月娟对北京地区高校大学生对慕课的总体认知情况进行了调查，根据调查统计，发现只有不到四分之一的学生上过慕课课程，将近一半的学生没有听说过慕课，多于30%的学生只了解一点慕课，没有上过慕课课程。"没有听说过""听说过，但不了解""了解一点，但没有上过慕课课程"的学生共占到76.7%。可以看出，在北京这样高等教育相对发达的地区，慕课学习参与度也相对较低，慕课整体认知率偏低。[③]

2.张仁琼，詹婧，黄苑等对安徽省高校大学生对MOOC的了解和使用情况进行了调查，调查统计发现，MOOC受到很多高校师生的青睐，

[①] 范建丽.基于MOOC的大学生创新能力培养[J].湖北经济学院学报（人文社会科学版），2015（11）：140-141.

[②] 储节旺，叶帆.高校图书馆MOOC推广研究——以安徽农业大学为例[J].大学图书情报学刊，2018，36（6）：40-47.

[③] 郭月娟.首都地区高校大学生慕课学习参与度研究[D].北京理工大学，2016.

受到教育者的追捧，但在实际生活中，MOOC的传播仍然处于依赖师生间口碑相传及网络信息流传的阶段，没有广泛的传播渠道，导致学生对MOOC的接触过于零散，很大程度地阻碍了学生对MOOC的了解和使用。而且，由于缺乏监管，学生的学习进度不能得到保证，导致大部分学生因为不能坚持、时间紧张等原因而放弃选修的MOOC课程。另外，大学生在学习MOOC的过程中需要所在学校的帮助。因此，图书馆应该针对学生的需求，通过主动开展服务做好MOOC的推广支持工作。①

3.曾祥志通过对1010名高校大学生进行问卷调查发现，在接受调查的1010名大学生中，学习过MOOC课程的大学生人数只占32.08%，还不到三分之一，39.11%的大学生完全不了解MOOC；表明许多大学生对MOOC知晓度不高，也说明很多高校大学生对MOOC的使用率不高。在调查中，很多低年级的大学生反映没有听说过MOOC，也不知道MOOC是什么。大学生对MOOC的知晓程度不高，这需要高校对MOOC进行宣传、应用与推广。②

4.王丽颖，刘军君，荀荷惠等对吉林财经大学大学生对"慕课"的认知和使用情况进行调查分析，调查主要通过网络问卷、纸质问卷调查和现场采访的方式，共计回收有效问卷1237份，分析结果如下：尽管大学生总体上对"慕课"有一定的了解，但仅有12.95%的被调查者"很了解且经常用"在线课程，而53.48%的大学生对"慕课"的了解情况为"听说过但没有实践"或"从未听说过"，有46.52%的同学已经接触过在线课程。在"是否愿意尝试公开网上教育平台"这个问题上，没有接受过在线课程的同学中有79.70%选择了"是"。③

---

① 张仁琼，詹婧，黄苑.基于体验视角的高校图书馆MOOC推广研究和实践[J].大学图书情报学刊，2017，35（4）：75-79.

② 曾祥志.大学生对MOOC的认知度调查与分析——基于1010份问卷数据的实证[J].湖南工业职业技术学院学报，2018，18（4）：82-85，89.

③ 王丽颖，刘军君，荀荷惠.大学生对"慕课"的认知和使用情况调查分析——以吉林财经大学为例[J].西部素质教育，2018，4（1）：132-133.

（五）慕课服务于我国的全民终身学习战略，为推进全民终身学习提供助力

党的二十大报告指出，推进教育数字化，建设全民终身学习的学习型社会、学习型大国。慕课可以服务于我国的全民终身学习战略，为推进全民终身学习提供助力。

1.慕课的开放性巩固了全民终身学习体系的建设。与传统课堂相比，学生可以在慕课平台自由选择课程，不受年龄、区域、性别、种族、学历等方面的限制。全民终身学习需要保障所有社会成员在发展的每一时期都能够得到受教育的机会，而慕课恰好提供了这种机会。慕课这种无门槛的学习平台，在一定程度上确保了全民终身学习的顺利推进，为全民终身学习体系的建设奠定了坚实的基础。

2.慕课的大规模化保障了全民终身学习的受益范围。慕课的授课对象没有人数限制，学习者可以通过慕课平台与其他社会网络中的学习者相互交流，共同进步，而这一过程中学习人数是不断增加的。全民终身学习针对的本就是社会上的所有个体，慕课平台提供的各类课程满足了不同层次阶段的社会群体的需求。因此，慕课对学习者人数的不限制和丰富的课程资源一定程度上保障了终身学习的全民性。

3.慕课优质的课程资源提升了全民终身学习建设的国际化水平。根据《中国教育现代化2035》的精神，我国2035年的主要发展目标之一是建成全民终身学习的现代教育体系。全民终身学习的推进与国际化接轨，更能提升教育质量，而慕课正是提升教育质量、获取优质课程资源的好渠道。慕课通过互联网向所有人提供国内外优质的课程资源，同时也督促国内院校借鉴国外优秀资源，不断开发更多适应国内教育的课程，为全民终身学习通向国际化搭建了桥梁，提升了全民终身学习的国际化水平。[1]

---

[1] 钱小龙，范佳敏，蔡琦.面向全民终身学习的慕课发展潜力、挑战与对策[J].成人教育，2022，42（1）：58-64.

二、图书馆开展慕课宣传推广的实践

（一）MOOC宣传推广的基本思路

首先，图书馆召开MOOC宣传推广研讨会，成立MOOC宣传团队，制定MOOC宣传推广方案，明确人员分工。其次，搜集MOOC宣传推广的相关资料，制作宣传海报、彩页、服饰道具等，编排MOOC宣传推广情景剧，拍摄MOOC宣传推广微视频。再次，成立MOOC学习小组，建立QQ交流群、MOOC微博平台，共同推进MOOC的宣传推广及学习。

（二）MOOC宣传推广的实践

MOOC的形象、声望对大学生接受和采纳MOOC学习具有积极正向影响。对于大学生来讲，MOOC的名校、名师、名课光环具有极大的吸引力，但是MOOC平台在高校宣传推广的力度不足，宣传方式单一，导致MOOC的知名度并不高，大学生对MOOC的认知程度偏低。虽然近年来MOOC已经成为研究领域的热点，但是现实中仍有大量师生对MOOC不太了解，甚至不知道MOOC的存在，这导致MOOC无法有效发挥其优势。因此，高校需要加大对MOOC的宣传推广，提高MOOC对大学生的影响力，从而推动大学生对MOOC学习的采纳和使用。

1.成立MOOC宣传推广团队，制定MOOC宣传推广方案。首先，图书馆领导要高度重视MOOC宣传推广，联合教务处、科研处、学生处等部门专门召开MOOC宣传推广研讨会，探讨MOOC如何在全校宣传推广。其次，图书馆要抽调青年专业馆员，对其进行MOOC认识、了解、使用的培训，并要求他们每人至少完成一门MOOC课程的学习，组建MOOC宣传推广团队。最后，明确MOOC宣传推广任务及目标意义。明确人员分工，设置资料搜集整理组、宣传材料制作组、情景剧微视频摄制组以及网络宣传推广组。

2.设计MOOC宣传推广主题海报。精心构思、巧妙设计MOOC宣传推广主题海报,以"知识成就未来,慕课铸就梦想"为宣传口号,形象运用青年骑行努力向上爬坡,以"山(mountain)"第一个英文字母M、自行车轮子圆形似英文字母"O"以及"征服(conquer)"第一个英文字母C巧妙地组成海报宣传主题"MOOC",寓意只要坚持努力学习MOOC(可以获得知识、技能、证书、学分),就能征服顶峰,实现人生梦想。此外海报还展示了Coursera、Udacity、edX、学堂在线、中国大学MOOC等MOOC平台,以"发现全球在线好课吸引读者"。

3.线下宣传推广。制作海报张贴在图书馆、学生食堂、教学楼、宿

舍生活区等，印制宣传彩页向学生发放；制作MOOC宣传推广服饰道具，校园MOOC宣传推广大使穿上服饰道具进行宣传；联合院系教师筛选和推介MOOC课程，引导学生认识了解使用MOOC。

4.线上宣传推广。在图书馆网站开辟MOOC专栏，包括慕课新手指南、学习平台链接、交流讨论区等；通过对全校师生开通的E-mail信息推送服务，推送MOOC主题宣传资料；利用微信、QQ、微博、公众号进行宣传推广；编排MOOC宣传推广情景剧，拍摄MOOC宣传推广微视频进行宣传推广。

5.融入新生入馆教育，将MOOC情景剧搬上舞台。精心制作PPT，走进各个学院进行MOOC宣传推广，同时也把MOOC的宣传推广融入到新生入馆教育中；进一步修改完善MOOC宣传推广情景剧剧本，在全校范围内选拔剧中演员，精心排练，联系各学院，把精心编排的MOOC宣传推广情景剧搬上各学院的元旦晚会，引发起强烈反响，受到同学们的一致好评，在全校进一步推动了MOOC学习热潮。

6.招募MOOC校园宣传推广大使。为了将MOOC学习理念更为广泛而可持续地传播给更多的师生，在全校范围内招募MOOC校园宣传推广大使。MOOC校园宣传推广大使的职责主要有如下三点：（1）宣传推广MOOC学习理念，让更多的师生参与到MOOC学习中来；（2）针对某门MOOC课程组织线下的课程学习，以学习小组的形式进行分享交流；（3）参与到平台的课程推广和运营中，比如担任课程助教，参与作业批改和课程答疑。MOOC校园宣传推广大使的任期为1年，一个任期结束后，经考核合格，颁发正式聘书并对表现优秀者给予额外奖励。

7.慕课推广与真人图书馆的结合。以慕课为主题，邀请教师或慕课学员，举办小型读书沙龙，教师可分享制作慕课的体会，慕课教学与传统课堂教学间的差异，推荐与慕课相关的书及网络资源；学员可分享不同慕课平台上的课程学习体会及收获，推介优秀的慕课课程，在慕课学习中开展竞赛活动，引导学生关注慕课与图书馆。图书馆可以组织以"慕课与图书馆""图书馆助我学慕课"等为主题的海报、漫画、视频短片、征文等比赛，吸引更多学子了解慕课理念，同时思考慕课与图书馆的关系，引导读者在学习慕课过程中积极利用图书馆。①

8.宣传典型实例，引领示范。首先，遴选学生中的成功学习实例进行宣传。加深对MOOC的认识可以提高大学生的MOOC使用意愿。图书馆可以邀请部分成功获得课程认证的学生进行经验交流，使更多学生愿意尝试并融入MOOC。其次，邀请"明星"教师开展网上见面会或实时教学。教学"明星"对大学生具有较大的影响力，图书馆可以适时邀请不同的MOOC"名人名家"进行实时教学体验或开办网上见面会，使学生对MOOC有直观的学习体验，从而促进学生对MOOC的利用。②

9.提供MOOC学习所需设备与空间。首先，图书馆可提供计算机、网络、移动学习设备等，还可以为学生提供指定的MOOC学习场所。当前已有部分高校馆采用了外借IPAD等移动设备的方式，促进学生对新学习方式的适应，③同时也利于MOOC的推广。其次，扩大校园WIFI覆盖面。扩大WIFI覆盖面有利于降低大学生的网络使用成本，从而促进他们对MOOC的运用，在推动校园学习条件建设的同时，进一步改善图书馆的服务环境。④

10. MOOC信息的搜集和推荐。首先，要根据学生的需求在繁多的优秀MOOC课程中挑选出适合他们学习的课程，并将开课的学校、课程名称、开课时间、任课教师等信息通过海报、微信、QQ等推送给学生以供

---

① 胡永生.图书馆与慕课课程的互动推广路径探析[J].高校图书馆工作，2018，38（1）：81-83.

② 邓李君，杨文建.大学生慕课（MOOC）使用意愿影响因素与图书馆应对策略[J].图书馆论坛，2016，36（8）：119-125.

③ 西安交通大学图书馆.图书馆IPAD外借服务[EB/OL].[2016-04-06].http://www.lib.xjtu.edu.cn/custom.do?id=377.

④ 邓李君，杨文建.大学生慕课（MOOC）使用意愿影响因素与图书馆应对策略[J].图书馆论坛，2016，36（8）：119-125.

学生选择学习。其次，学科馆员应该嵌入到MOOC课程中去，以学习者的身份与在校学生互动，发现学生在学习中遇到的困难，为他们提供解决问题的方法，帮助他们完成课程。[①]

三、图书馆慕课之家建设

图书馆建设MOOC之家，不仅宣传推广MOOC，而且为MOOC学习者提供一个学习平台和交流场所。MOOC之家为学习者提供优质丰富的课程资源、教学参考资料等相关教学资料的在线访问服务，加大对学习者的学习支持力度，提供学习辅导、研究指引、英语水平提升等基础支撑服务，延伸学习者的学习触角，及时解答学生在学习过程或资源获取过程中遇到的棘手问题，使图书馆真正成为MOOC学习者的学习中心。

（一）MOOC之家实体空间建设

有研究者对在校学生进行问卷调查发现：89.3%的学生希望在图书馆内和同伴一起学习MOOC课程。既然这么多学生都愿意选择图书馆作为他们学习MOOC的场地，那么图书馆就有责任为学生营造一个舒适便捷且更为人性化的学习环境。[②] 图书馆MOOC之家实体空间建设不仅要为MOOC学习者提供安静舒适的学习环境，而且是MOOC学习者之间探讨交流的必备场所。

1.在图书馆专门建设MOOC学习室，提供网线端口、电源设施，配备电脑、桌椅、打印机等基本用具，此外图书馆电子阅览室有电脑，可供MOOC学习者免费使用。

---

① 洪华俏.MOOC时代高校图书馆的服务探索研究——以湖南农业大学图书馆为例[J].农业图书情报学刊，2015，27（10）：129-131.

② 洪华俏.MOOC时代高校图书馆的服务探索研究——以湖南农业大学图书馆为例[J].农业图书情报学刊，2015，27（10）：129-131.

2.在图书馆建设MOOC学习研讨室，研讨室配备投影仪、电脑、环形桌椅、自助文印系统、白板、纸笔等，可供MOOC学习小组进行讨论学习或召开小型讨论会，研讨室辅助工具的配备有助于MOOC学习者之间的沟通交流。

3.图书馆开设多媒体创作间，由于慕课、翻转课堂等教学模式及多媒体化校园活动的兴起，师生需要一个可以提供专业设备并有专人指导完成多媒体合成的创作区域。多媒体创作区提供高配置的一体机与双屏计算机，并安装常用音视频编辑软件，免费提供摄像机、移动录播设备等，为MOOC学习者音视频资料编辑制作与测试提供专业的场所。

（二）MOOC之家虚拟空间建设

MOOC是一种大规模网络开放课程，虚拟空间的设计建设也很重要。虚拟空间建设主要包括：MOOC学习资源建设和MOOC学习平台建设。

1.MOOC学习资源建设。充分利用图书馆资源建设和服务优势，整合网络上的MOOC课程资源和馆藏文献资源乃至开放获取资源。主要包括MOOC课程资源和学习参考资源。MOOC课程资源的获取需要采取多种灵活的方式，如搜索引擎查找、学校专家学者推荐、访问国内外著名大学和科研机构的网站等。学习参考资源主要包括参考性的图书、期刊资源、开放获取资源以及多媒体资料、数据库、增强型电子书等超媒体形式的知识资源。要对获取的慕课资源进行有效整合、分类、标识、组织、重构，图书馆可针对本校专业特点，对国内外主要慕课平台上的慕课进行梳理与整合，形成慕课专题数据库或建立资源导航，引导学生选择和使用自己需要的慕课课程。① ⑦

2.MOOC学习平台建设。在充分了解MOOC学习者的交互特性的基础上，以开放、共享、以学习者为中心等特征建立MOOC学习交流平台，

---

① 胡永生.图书馆与慕课课程的互动推广路径探析[J].高校图书馆工作，2018，38（1）：81-83.

即营造一个便捷高效的虚拟学习环境。平台能实现以下功能：对MOOC课程资源的统一管理和发布，支持读者进行课程资源评论和课程资源收藏；参考性资源的整合检索、在线阅读和下载；提供咨询和交流平台，建立个人学习社区，支持学习日志、个人收藏和共享、网盘、学习小组等功能；统计和用户管理功能，包括资源量统计、访问量统计、用户管理和统计等。

（三）MOOC学习组建设

初期在MOOC宣传推广阶段，由于参与MOOC学习的师生较少，图书馆就要主动地把他们召集起来，成立MOOC学习组，鼓励学习组成员相互帮助、相互学习，交流MOOC学习的心得体会。发动他们进行"传帮带"，一位同学带动本班或本宿舍的两位同学认识MOOC、参与到MOOC学习中来，这样MOOC学习组就能较快发展壮大。小组组建为开展MOOC合作学习提供了基础，小组组建的质量是保证合作学习顺利高效开展的基本前提。后期，为了更好地进行小组组建，最大限度地发挥合作学习实效，要制定小组组建规定，如小组的规模在10至15人之间，一个小组之内不同学科的人数不超过3人，完成小组内角色的搭配（如组长、副组长、协调员、记录员等），制定合作技能培训规则，小组成员必须定期交流培训。

（四）MOOC之家学习QQ群、微信群的建设

QQ群和微信群具有使用率高、成本低、信息传递快等优势，作为一种网络学习的载体，目前QQ群和微信群已被广泛用于为在线学习者提供学习支持。一是通过QQ群和微信群可发布MOOC学习的安排，如学习课程开课时间、作业提醒、召开交流研讨会的时间等，都可以通过群发布而不需要额外付费。二是学生通过QQ群和微信群可交流学习心得体会，交流MOOC学习中的困惑，交流难题得以解决。这样就会在无形之中提高

MOOC学习的质量。三是MOOC学习中的疑问、作业中的难题可以随时发布在QQ群和微信群里，能够得到及时解决，提高了MOOC学习者的学习效率。

（五）MOOC之家的运行保障机制建设

要确保MOOC之家的有效运行，发挥服务师生的最大效用，必然要配套科学的运行机制。图书馆MOOC之家建设的运行保障机制应该是全面系统的，主要包括以下几个方面：

1.建立科学规范的管理制度。MOOC之家建设是一个系统工程，包括宣传推广、学习组构建、实体空间、虚拟空间、QQ群和微信群的管理等，要针对每一项工作，制定科学的工作规程，做到每项工作科学有序、合理规范、高效地开展。

2.制定科学合理的培训计划。MOOC之家是基于MOOC资源不断发展和增长的学习之家，图书馆MOOC之家建设也要与时俱进，不断改进完善。这就需要其服务管理团队不断学习，持续提升。因此为MOOC之家服务的管理人员制定科学合理的培训计划显得尤为重要。图书馆不仅要定期举办有关MOOC发展的知识讲座，而且还要合理有序地对MOOC之家服务管理团队进行科学培训，以提升他们的信息素养，拓展他们的视野和知识面，确保团队的每位成员能够在工作中发挥应有的作用。

3.建立多层次、长效化的激励机制。全体师生是MOOC之家建设的主体，师生的参与程度直接影响着图书馆MOOC之家建设运行的成效。因此要以科学合理的激励机制，调动师生参与MOOC之家建设的积极性和能动性，营造人人参与、人人关心的良好氛围，以利于MOOC之家的长期可持续发展。

4.构建协作和谐环境。图书馆MOOC之家能够顺利运行的关键在于学校多个部门大力支持，图书馆、教务处、科研处、学生处、各学院都不同程度地参与其中，这就需要各单位同心协力、互相协作，这也是图书馆

MOOC之家建立和运行的根本保障。图书馆必须承担起与其他部门沟通协调的责任，充分发挥桥梁纽带作用，为MOOC之家长期可持续发展营造一个既有广度又有深度、工作效率高、和谐有序的工作环境。[①]

[①] 蒋自奎.图书馆MOOC之家建设与实践探索[J].教育现代化，2020，7（14）：116-118.

第五章 主要MOOC平台简介

MOOC作为一种新型的、开放的网络教学模式，自2008年于加拿大出现，被誉为"印刷术发明以来教育最大的革新"，迅速在全球发展并产生重要影响。2012年，慕课在全球教育界掀起了一场"数字海啸"，这一年里，慕课三大供应商应运而生，即由斯坦福大学教授创建的Udacity（勇敢之城），由斯坦福大学、普林斯顿大学和宾夕法尼亚大学等多所名校联手建立的Coursera（课程时代），由哈佛大学、麻省理工学院联合创办的非营利性组织edX（教育在线）。我国最早独立自主建立的MOOC平台应该是2011年底成立的上海高校课程资源共享平台，而规模最大、规格最高、学科门类最全的是教育部、财政部共同支持的"爱课程"网站。2013年清华大学成立的"学堂在线"和2014年初上海交大牵头成立的"好大学在线"以及智慧树平台、爱课程、中国大学MOOC形成了中国非营利性MOOC平台共存的局面。

慕课利用现代网络手段，克服了传统教育的局限性，为社会所有人提供均等的受教育机会，满足社会各阶层的受教育需求。高校图书馆作为教学科研服务的信息机构，在这场慕课浪潮中，不能做旁观者，而是要充分发挥自身的优势，探索自身在MOOC教学中的作用，抓住MOOC带来的发展机遇，在现有的馆藏资源和信息技术的基础上，根据越来越多的MOOC学习者的要求提供实用、可持续发展的服务，将高校图书馆服务提升到一个新的层次。本章主要介绍国内外主要的MOOC平台。

一、Coursera（https://www.coursera.org/）

Coursera联合创始人吴恩达教授曾说，我想让全世界所有的人都能随时随地接受最好的高等教育。我希望人的成功是立足于他们的胆量、勤奋以及智慧，而不是依赖于家庭、地位和出身。我想看到，每一个人都能有通过受教育取得为他自己、他的家庭、他所在的社会创造美好和价值的平等机会。

（一）Coursera的创建

Coursera是由斯坦福大学计算机科学副教授吴恩达（Andrew Ng）和他的同事达芙妮·科勒（Daphne Koller）教授联合创建的一家在线教育科技公司，该公司坐落于美国加利福尼亚州的硅谷中心"山景城"（Mountain View），旨在与世界一流大学合作，在线提供免费开放的网络课程。该公司起源于2011年10月，当时吴恩达（Andrew Ng）和达芙妮·科勒（Daphne Koller）分别开发了《机器学习》和《数据库导论》两门在线课程，上万名在线学习者自愿注册学习，引起了广泛的社会反响。受此启发，两位教授开始着手Coursera网络课程在线学习平台的搭建，希望能够为在线学习者提供更多优质的免费开放在线课程。[①] 2012年4月，该公司获得风投资金后正式成立。Coursera不只是营利性的在线教育科技公司，更是一种大规模的在线开放课程学习平台，其愿景是为世界各地的学习者提供变革性的学习体验。

达芙妮·科勒（Daphne Koller）在"TED"演讲中述说了创立Coursera的初衷，她以"迫切的需求"和"重大的突破"来解释Coursera的诞生。无论是在贫困地区还是在发达地区，都存在教育需求与供给的矛盾。对于贫困地区的人们而言，由于区域优质教育资源匮乏，他们迫切需

[①] 黄明，梁旭，谷晓琳.大型开放式网络课程MOOC概论[M].北京：电子工业出版社，2015：37-38.

要更多、更好的教育资源来促进地区发展；对于发达地区的人们而言，虽然区域优质教育资源比较丰富，但却十分昂贵，他们迫切希望能够以低成本获取优质教育资源，甚至希望获得免费、共享资源。Coursera的出现极大地降低了获取优质教育资源的门槛，使优质教育资源的价格变得比较低廉，几乎免费。① 这无疑是高等教育发展史上的"重大突破"，也是它宣称"在网上免费学习全世界最好的课程"的缘由。②

（二）Coursera的使命与定位

Coursera于2012年1月正式启动，并发布了自己的使命宣言："我们致力于向世界上任何人免费提供最好的教育。"那时，Coursera没有商业模式。Coursera最初创立的愿景是非常理想化的——作为大规模开放在线课程的提供商，他们希望向全世界提供斯坦福大学免费的在线课程。

Coursera是一个教育平台，它与全世界最顶尖的大学和机构合作，提供任何人可学习的在线课程。Coursera期待未来所有人都可以获得世界最高水平教育，希望教育能够改善人们的生活以及他们所在的社区。③

2012年年底，Coursera开始了商业化尝试，逐渐开始走向收费、盈利的道路，包括"招聘服务""证书服务""付费课程"项目。2014年10月，Coursera的月收入达到100万美元，而这是由于专业化的普及所带来的盈利。

在商业化探索过程中，Coursera开始明确自己最重要的定位：和世界知名大学合作。这不但能够提高课程质量，也使它们的证书得到业界的广泛认可。这也是Coursera在竞争中取得的最大优势。由于Coursera与多所

---

① 吴剑平，赵可.大学的革命——MOOC时代的高等教育[M].北京：清华大学出版社，2014：43-44.

② 蒋平.美国高校网络课程两大在线学习平台的特征比较分析——以Coursera与edX为例[J].高等财经教育研究，2018，21（2）：11-18，27.

③ 百度百科Coursera.[EB/OL].[2023-04-13].https://baike.baidu.com/item/coursera/3361355?fr=Aladdin.

大学达成合作关系，Coursera 的所有课程都由大学提供并且得到了大学的支持。

（三）Coursera 的发展

Coursera 是大型公开在线课程项目，旨在同世界顶尖大学合作，在线提供网络公开课程。Coursera 的首批合作院校包括斯坦福大学、密歇根大学、普林斯顿大学、宾夕法尼亚大学等美国名校。

2014 年 8 月，与 Coursera 建立合作伙伴关系的机构突破 100 个，共有超过 900 多万的学习者在 Coursera 平台上学习，学员遍及 190 多个国家，并且数量还在快速增长。Coursera 平台共建设了包括计算机科学、经济和金融、生命科学、人文、社会科学、医学、工程和教育等涵盖 25 个学科门类的 715 门课程，并提供包括英语、汉语、法语、西班牙语等 16 种语言的课程。目前，Coursera 已经成为提供开放课程数量最多、规模最大、覆盖面最广的免费课程在线学习平台。[1]

2015 年，Coursera 宣布与 Google、Instagram 以及其他 500 家公司合作，将原有的专项课程升级为更加注重实际应用和工作能力提升的 Capstones，由顶尖公司作为课程提供方，同时提供项目的专业证书，比如 Google IT Support Professional Certificate。IBM 和 Honeywell 等许多大公司都在 Coursera 上开发了自己的课程。

2016 年，Coursera 推出 Coursera for Business，将已有的课程打包卖入企业，专门针对企业员工进行课程培训，或者为企业量身定做培训服务。例如，企业内的金融培训课。这是 Coursera 营收中增长最快的部分，也是 Coursera 未来的重点发展方向。许多公司认为，Coursera 课程对于提升员工的技能很有用。BNY Mellon、波士顿咨询集团、欧莱雅和 Axis Bank 都是该服务的早期客户。

---

[1] Coursera[EB/OL].http：//www.coursera.org.2014-08-24.

目前，Coursera是全球最大的在线教育平台，拥有超过4000万注册用户，Coursera上所有课程都是由知名大学和顶尖公司或者其他学术机构提供的，认可度很高。这里提供世界上一些顶尖大学的学位，例如耶鲁大学、伦敦帝国理工学院和日内瓦大学等。用户可以像完成普通大学教育一样，修读完整的学士或硕士学位并获得认证。Coursera通过与领先机构的合作，实现了在线教育领域的变革。迄今，Cousera已经吸引了7.61亿多名学习者、100多家世界500强公司以及6400多所学校加入。[①]

（四）Coursera的三个"多样性"发展特色

1.合作伙伴类型的多样化。首先是合作大学类型的多样化，以美国高校为例，不但包括耶鲁大学、普林斯顿大学、宾夕法尼亚大学和哥伦比亚大学等顶尖高校，还包括俄亥俄州立大学、纽约州立大学、科罗拉多大学系统、田纳西州大学系统和乔治亚大学系统等州立大学。其次是合作机构类型的多样化，以美国机构为例，不但包括匹配教师培训机构、若雷教育学院和新教师中心等教育机构，还包括田纳西董事会、现代艺术博物馆、国家地理协会和美国自然历史博物馆等非教育机构。

2.在线课程语言的多样化。Coursera在线学习平台的在线课程除了英语课程之外，还支持中文、法语、德语、俄语、西班牙语、葡萄牙语、土耳其语、日语、乌克兰语、意大利语、阿拉伯语和希伯来语等的在线课程。其中，部分在线课程的语言是不同国家各自开发的在线课程的原始语言，另一部分在线课程的语言是经翻译后的通用语言。

3.在线课程学科的多样化。Coursera在线学习平台号称具有"学科门类最齐全"的课程体系，涉及数学、物理、化学、计算机、生物、医学、法学、教育学和音乐等不同学科。其中，人文学科、计算机科学、社会科学、生命科学、健康与社会、教育学、商业和管理学、经济和金融、医学

---

① MBA智库百科Coursera.[EB/OL].[2023-04-13].https：//wiki.mbalib.com/wiki/Coursera.

以及信息、技术和设计等在线课程所占比例较高，法律、食物和营养学、化学、能源和地球科学等在线课程所占比例较低。①

二、edX（https://www.edX.org/）

"当53岁的edX创始人之一阿纳特·阿加瓦尔在麻省理工学院一幢办公楼的七楼办公室里详细解释他的计划时，你能想象他身边的大楼在颤抖。"《波士顿环球报》这样形容edX的巨大影响力。

（一）edX的创建

2012年5月，麻省理工学院和哈佛大学各出资3000万美元，联合创建edX在线学习平台，该平台是麻省理工学院推出的MITx学习计划与哈佛大学推出的哈佛大学开放学习计划（Harvard Open Learning Initiative）的技术联合体。早在10年前，麻省理工学院就掀起了在线教育发展的热潮，实施"公开线上课程"的"OCW"（开放课件）项目将大部分本科课程陆续投放在网上，供在线学习者免费使用。2011年12月，麻省理工学院在"OCW"项目的基础上推出MITx在线学习计划，改进了原有"OCW"项目存在的不足，发展了在线学习的交互性，可自定学习进度并获得MITx颁发的课程认证证书。②

作为一个开放平台，MITx在线学习计划为世界各国的大学和教育机构开发在线平台和在线课程提供了技术上的支持，也为搭建网络学习社区创造了得天独厚的条件。虽然推行了MITx学习计划并归入edX在线学习平台，但麻省理工学院的"OCW"项目仍坚持独立运行，除了体现在

---

① 蒋平.美国高校网络课程两大在线学习平台的特征比较分析——以Coursera与edX为例[J].高等财经教育研究，2018，21（2）：11-18，27.

② MIT News Office.What is edX[EB/OL].2012-05-02].http://news.mit.edu/2012/edx-faq-050212.

线课程项目的多元化以外，也为了满足不同学习者的学习兴趣和学习需求（Disalvio and Philip，2012）。[①] edX在线学习平台的合作创意，最早源于当时任职麻省理工学院教务长、现任校长的拉斐尔·莱夫（L.Rafael Reif）[②] 和哈佛大学教务长阿兰·加伯（Alan Garber）的倡导和推动，目前edX在线学习平台由麻省理工学院教授阿南特·阿加瓦尔（Anant Agarwal）领衔，他曾担任麻省理工学院计算机科学与人工智能实验室主任，开发了首门edX在线课程"电路与电子学"，吸引了来自162个国家的15万余名在线学习者。edX在线学习平台继承了"OCW"项目的"知识共享"理念，将该平台定位于一个独立运作的非营利性机构。

（二）edX的建设目标

edX的建设目标是与世界一流的名校合作，通过edX平台建立一个庞大的全球性在线教育平台，建设全球范围内含金量和知名度最高的在线课程MOOCs，提高教学质量，推广网络在线教育。

除了提供在线课程外，麻省理工学院和哈佛大学使用该平台对教学方法与技术展开研究，探索线上、线下混合教学模式、教育效果评价、教学法、远程教育效果和学业管理等。麻省理工学院校长苏珊·霍克菲尔德（Susan Hockfield）博士指出："edX是提升校园质量的一项挑战，利用网络实现教育，将为全球数百万希望得到学习机会的人们提供崭新的教育途径。"[③]

我们向世界做出了三项承诺：1.增加每个人在任何地方获得优质教育

[①] DiSalvio, Philip.Will MITx Change How We Think about Higher Education?[J].*New England Journal of HigherEducation*，2012（2）：1-2.

[②] News Office.What is MITx?Answering Common Questions about the Institute's New Approach to Online Education[EB/OL].[2011-12-19].http：//news.mit.edu/2011/mitx-faq-1219.

[③] 焦建利，王萍.慕课：互联网+教育时代的学习革命[M].北京：机械工业出版社，2015：29-29.

的机会。2.加强校园和网上的教学。3.通过研究推进教学和学习。①

(三) edX 的发展

1. 2012 年的第一个实验

Agarwal 教授的麻省理工学院电路和电子课程在 edX.org 上推出，来自 162 个国家的超过 155000 名学习者注册。

2. 2013 年，Open edX 平台发布

edX 平台作为开源软件发布。如今，Open edX 平台为全球 2400 多个学习网站提供支持。截至 2013 年 10 月，共有 29 所教育机构参与 edX，包括中国的四所院校，分别为清华大学、北京大学、香港大学、香港科技大学，注册学员超过 90 万人。②

3. 2014 年，RDX 成立

edX 推出 RDX，研究数据交换，以推进科学学习。迄今已发表超过 120 多篇经过同行评审的论文。2014 年 3 月，edX 平台共计汇集了来自 45 所机构的 164 余门品牌课程，覆盖 11 个国家，遍布北美、欧洲、亚洲、大洋洲和中东地区。课程偏重于理工科，同时包含人文、艺术、公共健康、法律等文科课程，授课教师及工作人员 400 余人，使用者逾 200 万，共发放 10 万余份证书。edX 现已得到全球 120 余所大学的加盟申请。③

4. 2015 年，通过 MOOC 获得大学学分

亚利桑那州立大学的全球新生学院率先在 edX 上为 MOOC 提供大学学分。截至 2015 年 2 月 25 日，edX 共有 38 个伙伴成员和 27 个会员。④

---

① 关于我们.[EB/OL].[2023-04-13].https：//www.edx.org/about-us.

② 王永华.美国 Coursera、Udacity 和 edX 三大 MOOCs 网络教学平台的分析与比较[J].吉林省教育学院学报（下旬），2015，31（2）：25-26.

③ 程琳.主流 MOOC 平台对比分析研究[D].南京邮电大学，2015.

④ 董晓静，洪明.美国 Edx 平台的运作方式、特点和面临的问题[J].中国远程教育，2015（7）：47-51.

5.2016年，MicroMasters®课程启动

由麻省理工学院试点并于2016年9月推出，这些开创性的可堆叠证书扩大了研究生教育的范围。

6.2017年，edX硕士学位

佐治亚理工学院的分析理学硕士为edX硕士学位铺平了道路。

7.2020年，edX开创了MicroBachelors®计划

有史以来第一个以学分为后盾的可堆叠在线证书推出，为学习者提供了获得完整学士学位的途径。

8.2021年，edX和2U联手

edX与2U联手打造了一个重新定义行业的组合，注册学员超过4900多万人，edX共有250多个伙伴成员。①

（四）edX平台的特点

相比Udacity和Coursea，edX的独特性表现在以下四个方面：

1.非营利性——在满足可持续运作和发展基础上的免费原则。edX平台最大的特色就在于它提倡非营利性。"将大学教育拓展至全世界，使在线教育与传统教育相结合，推进教育教学的科学研究"，这是该平台创设时的教育愿景。为实现这一愿景，edX允许参与院校使用该平台，并且改良原有编码，它的开源结构为参与机构和参与院校进一步发掘在线教育空间提供了可能。同时，非营利性吸引了更多的学生登录该平台学习高校课程，无论是课程的学习还是荣誉证书的获得都是免费的。基于对未来在线教育的支持，edX会在发放证书的过程中收取少量费用，目的在于不断完善edX平台，为学习者提供更多更好的课程。

2.实验性——开展新技术背景下的学习和教学研究。edX平台更像是大学的实验基地，除了提供在线教授相关课程外，麻省理工学院和哈佛

---

① 关于我们.[EB/OL].[2023-04-13].https：//www.edx.org/about-us.

大学还把研究新技术背景下的学习和教学问题作为自己的重要职责之一，积极进行基于网络技术的教学法研究，注重学生对课程效果的在线评价，促进现代技术在教学手段方面的应用。edX的领导者认为，创设edX是基于网络技术为大学学习提供新的基地和实验场；采用学生捐赠的方式募集发展资金，更能体现平台的大学实验基地性质。

3.证书多样性——满足学生多样化的学习动机。dx提供的证书更具多样性和层次性，包括"荣誉代码证书"（Honor Code Certificate）、"已验证证书"（Verified Certificate）和"X系列证书"（XSeries Certificate）三类。其中，"荣誉代码证书"证明学习者已成功地完成该课程的学习，但不验证学习者的身份。目前，获取该类证书是免费的；"已验证证书"证明学习者已成完成该课程的学习，并且通过了照片和身份认证的审核。学生需依照不同的课程证书标准，缴纳相应的费用，才能获得该证书；"X系列证书"证明学习者完成并通过了某一特定课题下的一系列课程，尽管各课程提供机构对获得这种证书的要求不同，但通常都需要学生完成系列课程的学习，并通过身份验证。如要获得麻省理工学院"空气动力学"的X系列证书，就必须学习空气动力学概论、飞行器空气动力学等课程。

4.技术特色——采用先进技术促进有效的网络学习。创建伊始，edX就注重新技术的应用以及与社交平台建立联系，目前与edX链接的社交平台有Google、YouTube、Twitter、Facebook、Linkedin和Meetup，社交平台中建立的各地区和主题小组论坛为学习者线下交流提供可能。平台还设立新闻中心和专属博客空间，帮助学生及时了解与该平台相关的新闻资讯和动态评论。此外，edX平台应用了虚拟实验室和电子历史图技术。[①]

---

① 董晓静，洪明.美国Edx平台的运作方式、特点和面临的问题[J].中国远程教育，2015（7）：47-51.

三、Udacity（https：//www.udacity.com/）

"50年后，世界上只剩下10所大学能够提供高等教育。" Udacity创始人塞巴斯蒂安·特龙如此评价在线教育的影响。

（一）Udacity的创建

2011年秋，斯坦福大学的巴斯蒂安·特龙（Sebastian hrun）在萨尔曼·可汗（Salman Khan）建立的面向中小学学生提供免费在线课程的可汗学院（Khan Academy）的影响下，和彼得·诺维格（Peter Norvig）联合开设人工智能（Introduction to Artificial Intelligence，S221）课程，推出后深受欢迎，随后，他与大卫·史蒂文斯（David tavens）、迈克·索科尔斯基（Mike Sokolsky）共同建立以营利为目的的在线课程供应平台Udacity（在线大学）。[①]

（二）Udacity的使命与定位

Udacity致力于以科技教育推动职业发展，与行业科技公司合作，为企业培养科技人才，促进企业带来的行业变革。优达学城（Udacity）的使命是以科技教育赋能职业发展，帮助个人实现职业发展和生活梦想，进而大规模改变世界。他们与Google、Amazon、Facebook、百度、腾讯等全球领先科技企业合作推出了一系列无人驾驶、人工智能、数据科学、云计算等前沿技术课程，截至目前已成功帮助全球千万名学员掌握前沿技术，成长为被全球领先企业认可的抢手精英。

彰显卓越人才的价值。Udacity的领导团队怀着一个目标走到一起：帮助学习者、企业和政府为下一代数字劳动力做好准备并加强他们的能力。Udacity经过验证的策略可在全球范围内扩展，解决影响增长、生产

[①] 程琳.主流MOOC平台对比分析研究[D].南京邮电大学，2015.

力和创新的普遍数字人才短缺问题。他们与企业和积极进取的个人合作，设计由其数字能力平台支持的量身定制的人才转型之旅。

（三）Udacity的发展

为了践行高等教育的高质量与低成本理念，Sebastian Thrun 和 David Evans 在2012年建设了关于计算机科学领域的学习社区 Udacity[①]。2012年2月第一次发布两门计算机科学课程"CS 101：Building a Search Engine"和"CS 373：Programming a Robotic Car"，仅一个月已有9万名学生注册，随后几周注册学生超过16万，覆盖全球190多个国家，其强大的参与度与影响力显而易见。

2014年1月，Udacity与美国佐治亚理工学院合作，推出计算机科学在线硕士学位。

Udacity推出的"开发纳米学位项目"为学员提供贴合实际应用场景的实战项目、一对一技术辅导、个人职业建议和咨询服务，一门纳米学位课程的学习时长从3个月到9个月不等。

2016年4月，Udacity正式登陆中国。

2018年3月，Udacity正式推出与微信合作的微信小程序，开发纳米学位项目。

（四）Udacity的课程特色

与其他尝试普及高等教育的课程不同，Udacity不只是提供课堂录像。Udacity的课程被描述得几乎和游戏一样。在Udacity的课堂中，教授简单介绍主题后便由学生主动解决问题。这种模式类似"翻转教室"（flipped classroom），有些人认为这是教育的未来。Udacity认为"书本教学"是

[①] 关于我们.优达学城.[EB/OL].[2023-04-15].https://www.udacity.com/us

灌输真正知识的一种过时又无效的方式。①

四、Futurelearn（https：//www.futurelearn.com/）

什么样的慕课平台是好的？我们有四个标准：第一，能够适应基于移动设备的学习；第二，要有比较强的社交功能；第三，可以满足海量学习；第四，用户体验要简单，界面设计要漂亮。英国FutureLearn慕课平台首席执行官西蒙·尼尔森（Simon Nelson）总结道。

（一）FutureLearn的创建

英国是继美国之后，在大规模开放在线课程领域甚为超前的国家。早在20世纪60年代，英国开放大学的创办就引领了世界教育技术革新的新潮流；20世纪90年代创设的产业大学率先建立了第三方平台，将来自各方的教育资源供给与教育需求紧密联系在一起，为学习化时代的教育运营创新树立了典范。② 进入21世纪，随着互联网时代的到来，同时也是受美国大规模开放在线课程研发与实施领先的刺激，英国在美国Udacity、Coursera和edX三大MOOC平台运行不久，便迅速推出了自己的MOOC平台——"未来学习"（FutureLearn）。英国的FutureLearn由在远程教育领域颇有成就的开放大学（Open University）发起，于2012年12月14日成立，性质上属于私营公司，由开放大学的下属公司运营和管理，创始单位为12所高校，包括伯明翰大学、布里斯托大学、卡迪夫大学、东安格里亚大学、埃克塞特大学、兰卡斯特大学、利兹大学、南安普顿大学、圣

---

① 百度百科Udacity.[EB/OL].[2023-04-13].https：//baike.baidu.com/item/Udacity/5872264?fr=aladdin.

② 洪明.英国产业大学与学习型社会[J].开放教育研究，2001（1）：43-45.

安德鲁斯大学、华威大学、伦敦大学国王学院以及开放大学。①

Futurelearn2013年9月18日正式启动，首批联络了12所英国一流大学以及英国国家图书馆、博物馆、文化协会等，向全世界提供公开、免费的在线课程。第一批课程共12门。截止到2014年2月，FutureLearn提供的课程已达到35门，注册学习用户覆盖全世界160多个国家。②

（二）FutureLearn的使命与定位

Futurelearn平台于2013年9月公开推出，是英国首个提供免费、开放和在线课程的网站，旨在塑造一个与众不同的学习者体验过程，在网站设计过程中遵循了有效学习的原则。③Futurelearn成立的目的在于为全球学习者提供来自世界各地高等院校和文化机构的优质免费课程。④

（三）中国政府的推动作用

2014年6月，时任国务院总理李克强在访英期间与英国首相卡梅伦举行会谈，并宣布了一系列中英合作协议，其中就包括复旦大学与英国Frturelearn公司就慕课建设签署的合作备忘录。

根据双方签署的备忘录，复旦大学将在FutureLearn平台上开放其第一批课程，FutureLearn与复旦大学签订正式合同，根据合同规定，未来FutureLearn为复旦大学教研人员及管理层提供可供其利用的教育工作者工具、学员数据及分析、适当的培训及制作支持。

复旦大学借助FutureLearn平台与全世界的学生分享中国的优质课程，

---

① 夏传娟.美国斯坦福大学与Edx联盟建立开源网络平台[J].世界教育信息，2013，26（11）：78.

② 包正委，洪明.英国MOOC平台：FutureLearn创建原因与主要特点探析[J].中国远程教育，2014（6）：65-68.

③ 王美静，王海荣.基于学习者视角的国外MOOC平台比较研究及启示[J].现代教育技术，2014，24（7）：26-34.

④ 武思文.国际中文慕课课程对比研究[D].吉林外国语大学，2022.

如其推出的与中国传统文化相关的课程。同时，也引进部分优质的全英文课程，将其融入校园教学，提高了中国大学的教学质量。①

（四）FutureLearn的课程特色

1.用户体验设计。FutureLearn易于操作，设计简单清晰，使用具有趣味性，并且在手机和电脑上一样好用。

2.高质量的内容。其MOOCs不仅仅是视频课程。FutureLearn使学习者能通过视频、文本、图像等讲故事的互动形式参与到内容学习中去。

3.社交性学习。人们一起学习时往往会取得更好的学习效果，FutureLearn使学习者可以在网页上每一部分内容的旁边进行对话。对话与内容在同一页上，而不是在其他看不到的位置。不开设单独的讨论小组，学习内容和对话始终放在一起。同时，还将社交网络的结构引入FutureLearn。学习者可以关注其他人，为其他人的评论点赞，直接回复其他人，还可以在FutureLearn的大规模社区内创建自己的小社区。②

五、iVersity（https：//iversity.org/en/courses）

iVersity于2011年7月在柏林成立，最初是一种提供在线学习协作的工具。2013年，iVersity将发展方向调整到开放课程领域，建设了慕课平台，2013年10月，iVersity推出了首批24门慕课，注册学习人数达到了100万人。同时，iVersity面向全球征集课程，目前课程语言以英语为主，也包括部分德语课程和俄语课程。

---

① 杜积西，严小芳.慕课重新定义学习[M].北京：北京师范大学出版社，2016：40-40.
② 金慧，刘迪，李艳.打造社交型高质量慕课平台——访英国FutureLearn公司总裁西蒙·尼尔森[J].世界教育信息，2015，28（1）：9-11.

（一）模块结构

iVersity认为在线视频、交互式反馈和学习者互动是开放课程的核心要素。iVersity课程包括四个主要模块：章节教学、课程信息、课程通告和讨论区。在章节教学中，学习内容包括多个小的学习单元以及作业练习。

（二）课程视频

在章节学习中，左侧为视频，右侧为测试题，将测试与视频放在一起有助于学习者带着问题学习。视频提供了字幕、多种速度快进和多种清晰度的下载。课程视频下面有课件、扩展阅读和基于该学习内容的相关问题讨论，并且会给出每个章节学习的进度情况。

（三）讨论区

在讨论区可以自由提问，可以对讨论区的内容进行搜索、排序和按章节查看。答案列表按照支持的票数多少排序，增加了用户学习和参与讨论的动力。

（四）社交互动

iVerstiy实现与主流社交网站的互通，学习者可以直接使用Facebook注册登录，在学习过程中，也可以将感兴趣的内容或帖子分享到Twiter、Facebook、Google Plus或电子邮件。

（五）学习认证

在iVerstiy完成相关的课程作业和考核后，学习者可以获取证书，并且已有三门课程获得欧洲学分互认体系（European Credit Transfer System,

ECTS）认证。[①]

六、Open2Study（https：//www.open2study.com/）

2013年3月21日，澳大利亚高等教育部部长克里斯·鲍文（Chris Bowen）正式宣布发布澳大利亚第一个网上教育平台Open2Study，标志着澳大利亚正式迈入慕课领域。Open2Study由澳大利亚私营远程在线教育机构澳大利亚开放大学（OUA）创建，为学习者提供免费在线课程。

我国华南理工大学国际教育学院刘程教授主讲的"中国语言与文化"课程于2014年2月17日在Open2Study开课，该课程也是中国高校登陆慕课平台的首门全英文课程。

（一）课程设置

Open2Study上每门课程安排为四周，每年进行10次循环授课。Open2Study还提供了自适应类型课程。自适应类型课程没有统一的开始和结束时间，学生可以随时注册，按照自己的节奏修完课程，获取证书，学习课程的时长也没有限制。

课程分为多个模块，每个模块包括一系列教学主题视频，每个视频5-10分钟。Open2Study课程视频配有英文字幕，视频右侧为学习模块列表。完成某个主题教学视频学习后，可以进行小测试以检验学习效果；完成一个模块中的所有教学主题后，需要参加单元测试。

（二）课程讨论区

Open2Study提供了两种讨论区：网站讨论区和课程讨论区。网站讨论区针对Open2Study平台使用的相关问题进行讨论，课程讨论区位于视频下方，学习者可以在学习过程中随时参与本课程讨论，并可以对讨论帖

[①] 焦建利，王萍.慕课：互联网+教育时代的学习革命[M].北京：机械工业出版社，2015：39-41.

发表评论或进行投票。

（三）社交互动

Open2Study设计了丰富的互动因素，学习者可以使用Facebook、Titter、谷歌、LinkIn等账号登录。在学习中，可以将感兴趣的内容分享到Facebook、Twitter、Google Plus、LinkIn等社交网站，并可以邀请Facebook等网站的好友加入Open2Study。

除了社交网站，Open2Study本身也具有丰富的互动机制，系统会推荐其他选课同学，学习者之间可以建立联系（Connection），并且通过消息（Message）进行互动。

（四）勋章机制

为了调动学习者积极性，Open2Study设计了几十种丰富的勋章。如注册网站、在社交网站分享信息、参与课程讨论、完成课程、通过考试等各种学习行为，都可以获得形式多样的勋章，这些勋章会显示在用户的个人档案页上。

（五）学习认证

Open2Study平台提供免费课程，如果学习者有课程认证的需求，澳大利亚开放大学还提供50门在线认证课程，用户也可以选择认证课程进行学习。[1]

七、学堂在线（http：//www.xuetangx.com/）

"我们从来没有说要把大学颠覆掉，而是要让大学回归因材施教的本

---

[1] 焦建利，王萍.慕课：互联网+教育时代的学习革命[M].北京：机械工业出版社，2015：41-43.

源,在偏客观的知识授予上,通过慕课节省成本、提高效率。让更多的线下教学力量能够投入到针对性的个性化教学上来。"学堂在线产品研发副总裁杜海说。

(一)学堂在线的创建

清华大学于2013年5月加盟edX,6月清华大学组成攻坚团队,并启动基于edX开放源代码的中文平台研发工作,在多视频源、关键词检索、可视化公式编辑、编程作业自动评分、用户行为分析等方面进行了改造,10月,清华大学推出第一个中文MOOC平台"学堂在线"。袁驷表示,"学堂在线"平台的正式上线运行,不仅为国内高校搭建起共享优质课程资源的平台,为广大学习者提供自主学习、互相交流的空间,同时也表明清华大学履行社会服务职能、促进教育公平的决心和态度。张大良说,清华大学"学堂在线"MOOC平台隆重上线,标志着在大规模在线教育可能引发的全球高等教育深刻变革当中,我国高校已经迈出了坚实的步伐,为我国加快建设大规模在线教育平台打下了基础。阿纳特·阿加瓦尔表示,"学堂在线"的诞生必将成为中国教育领域的强大力量,通过加入这个平台,将创造一批教育领域的创新者。

随着"学堂在线"的正式发布,清华大学"电路原理""中国建筑史"等五门课程、麻省理工学院"电路原理"课程、北京大学"计算机辅助翻译原理与实践"课程作为第一批上线课程在平台上开放选课。来自北京大学、中国人民大学、北京师范大学、中国农业大学、上海交通大学、南京大学、浙江大学、西安交通大学、中国科技大学、台湾新竹清华大学、香港理工大学等参与平台课程建设的大学代表、平台投资人代表和"学堂在线"首批上线课程的开课教师、清华部分院系的师生代表以及30余家新闻媒体记者参加了"学堂在线"平台发布会。随着"学堂在线"平台的发布，高校间合作基础将会进一步夯实。①

"学堂在线"作为清华大学的全资子公司独立运营，其融资规模足以使其两年内不用考虑盈利模式的问题。②负责学堂在线开发和运营的北京慕华信息科技有限公司于2014年3月正式成立。学堂在线平台是清华控股现代教育集群的重要组成部分，除了清华控股之外，对学堂在线平台进行投资的机构还包括启迪教育、高榕资本、红点创投、北极光创投、华昕创投、Tak Ying Foundation Limited、中文在线。学堂在线的建立背景既有社会企业的支持，又有教育部在线研究中心的政府支持，使得学堂在线平台享有"一体两翼"式可持续发展前景。学堂在线平台的建设愿景是成为全球领先的现代教育集团，以提高教学质量、促进教育公平为长远目标。学堂在线的产业框架为"产融结合"的模式，既在高等教育、基础教育和双创教育等领域里发展深耕，同时还开拓了投资基金、应用研究和新媒体等新兴产业模式。③

（二）学堂在线的使命与定位

学堂在线致力于打造内容与技术双引擎，推动教育资源共享与教育质量提升，其宗旨为"改进学校教育，为公众提供优秀的学习机会"，面向全球提供在线课程。④清华大学建设MOOC的愿景是通过融通先进教学理念、集成前沿信息科技、汇聚优质教学资源，打造全球首屈一指的中文MOOC平台，全面服务于中国教育。⑤

---

① 清华发布"学堂在线"大规模开放在线课程平台[J].现代教育技术，2013，23（11）：1.

② 网易教育频道综合.MOOC推倒学校的"围墙"[EB/OL].ht-tp://edu.163.com/14/0924/18/A6U8OMV200294MPB.html.[2014-09-24].

③ 王歆舒.中国MOOC平台传播与运营模式研究[D].暨南大学，2018.

④ 刘博楠.关于国内外MOOC平台持续使用意愿影响因素的比较研究[D].大连理工大学，2018.

⑤ 袁松鹤，刘选.中国大学MOOC实践现状及共有问题——来自中国大学MOOC实践报告[J].现代远程教育研究，2014（4）：3-12，22.

1.致力于汇聚高校优质课程。平台运行约6000余门慕课，为学习者提供学习认证证书，打造随时随地学习的平台环境。

2.打造终身学习平台。通过在线教育的方式提供敏捷的教育方案，通过体系化课程构建微专业服务体系，打造服务于终身学习者的学习平台。

3.构建职业技能培训体系。与百度、京东、美团等企业深度合作，融入实践实训环节，提供职业技能培训，帮助学习者更好地应对职场挑战。①

（三）学堂在线的发展

2013年5月21日，清华大学正式加盟由美国麻省理工学院和哈佛大学合作共建的在线教育平台edX，成为其首批亚洲高校成员之一。

2013年10月10日，学堂在线慕课平台正式向全球发布。

2014年4月29日，教育部在线教育研究中心成立，学堂在线获得edX平台课程在中国大陆的唯一官方授权。

2014年7月14日，学堂在线推出了学堂云，为合作机构提供定制化的教育云平台服务。

2014年12月，学堂在线获得红点创投1500万美元A轮投资。

2015年3月24日，学堂在线开通"中国创业学院"，向社会开放创业课程。

2015年5月7日，清华大学宣布依托学堂在线启动国内首个基于混合式教学模式的学位项目——"数据科学与工程"专业硕士项目。

2015年11月，学堂在线宣布完成A+轮1760万美元融资。

2015年11月28日，中国慕课大学先修课（MOOCAP）理事会在清华大学成立，首批MOOCAP课程在学堂在线推出。

2016年1月14日，学堂在线与ACCA签署战略合作备忘录。

---

① 学堂在线——精品在线学习平台[EB/OL].[2023-04-15].https：//www.xuetangx.com/?channel=i.area.navigation_bar.

2016年4月1日，学堂在线推出新型教学工具——雨课堂。

2016年5月11日，学堂在线与西班牙电信达成MOOC合作协议。

2016年5月12日，学堂在线入选首批国家双创示范基地项目。

2016年6月6日，联合国教科文组织国际工程教育中心成立，学堂在线成为其在线教育平台。

在2016年发布的"全球慕课排行"中，学堂在线被评为"拥有最多精品好课"的三甲平台之一。

截至2016年10月，学堂在线注册用户数达到500万，选课人次690万，运行的课程数量已经超过1000门。

2017年7月23日，由学堂在线主办的首届全国高校在线教育可持续发展研讨会在青岛举办。

2018年1月6日，学堂在线联手清华启动"健康中国"频道。

2018年9月21日，学堂在线荣获"亚洲教育贡献奖"。

2019年12月12日，学堂在线完成过亿元人民币B轮融资。

2019年12月24日，学堂在线App通过教育部备案。

2020年2月9日，学堂在线与快手科技达成战略合作。

2020年，学堂在线入选教育部首批高校在线教学国际平台，4月20日，学堂在线国际版正式发布。①

2022年9月3日，来自孟加拉国、正在北京航空航天大学学习的沙格尔·布岩成为学堂在线第1亿位注册用户，学堂在线平台全球学习者累计超过一亿人，成为用户规模国内第一、全球第二的慕课平台。

截至2022年年底，学堂在线运行了来自清华大学、北京大学、复旦大学、中国科技大学以及麻省理工学院等国内外高校的约6000门优质课程，覆盖13大学科门类。学堂在线致力于服务全球学习者，累计注册用

---

① 百度百科学堂在线.[EB/OL].[2023-04-15].https：//baike.baidu.com/item/%E5%AD%A6%E5%A0%82%E5%9C%A8%E7%BA%BF/12009263?fr=aladdin.

户数超过1亿，累计总选课人次超过7.22亿。[①]

（四）学堂在线的优势与特点

1.双重背景。它兼具高校教育背景与企业背景。学堂在线不仅获得清华大学的MOOC唯一授权，获得教育部、联合国教科文组织的官方支持与认可，包括edX国外课程平台在中国大陆唯一官方授权及众多国际顶尖高校的课程引进和交流，还是清华控股现代教育集群的重要组成部分。

2.资源丰富。平台汇聚了约6000门优质课程，573门国家精品在线开放课程，涵盖了工程技术、经济管理、人文社科、医药卫生、艺术设计等多个领域。无论你是想要提高自己的专业素养，还是想要拓展自己的兴趣爱好，都可以在这里找到适合的课程。[②]

3.方式灵活。学堂在线采用了线上线下相结合的方式，既可以通过网页或者手机APP随时随地地观看视频或者阅读资料，也可以通过云课堂等工具与教师或者同学进行实时互动或者线下见面。这样既可以节省时间和成本，又可以增加沟通和交流的机会。而且，你可以根据自己的进度和节奏安排学习计划，不受时间和空间的限制。

4.效果显著。学堂在线提供了多种形式的学习评估和反馈，包括自测题、作业、考试、证书等，可以帮助学习者检验自己的学习效果和进步情况。而且，学习者还可以通过学堂在线获得一些认证或者学分，为个人发展或者职业发展增加竞争力和优势。

5.服务周到。学堂在线有一支专业的技术团队和客服团队，为学习者提供稳定的网络环境和及时的问题解答。同时，学堂在线还有一些志愿者和助教，为学习者提供学习指导和帮助。此外，学堂在线还会不定期地举

[①] 清华大学平台介绍.[EB/OL].[2023-04-15].https：//www.tsinghua.edu.cn/jyjx/zxjy/ptjs.htm.
[②] 王歆舒.中国MOOC平台传播与运营模式研究[D].暨南大学，2018.

办线上线下活动和讲座，为学习者提供学习资源和交流平台。①

八、好大学在线（http：//www.cnmooc.org/home/index.mooc）

"好大学在线打破地域和时间的限制，极大地扩大了优质教育资源的受众范围，缓解我国目前面临的教育资源分布不均现状，让所有的学生能够享受到来自于中国高水平大学的优质教育资源，平台力争实现让所有人上中国最好的大学。"上海交通大学副校长黄震说。

（一）好大学在线的创建

上海交通大学MOOC发展战略目标是建设优质MOOC，推进O2O混合式教学，形成"MOOCinside"课程教学新模式；打造"好大学在线"，为海内外大学提供优质MOOC教学平台；建立大学MOOC共享机制，促进大学间优质课程共享和修课学分转换。上海交通大学于2013年初成立了"慕课推进办公室"，同年7月举行"在线教育发展国际论坛"，并与Coursera建立合作伙伴关系。②

2014年4月8日，上海交通大学成功自主研发的中文慕课平台"好大学在线"正式上线发布，中国内地、中国香港、中国台湾地区四校的10门课程首批上线。"好大学在线"上线仪式暨上海西南片高校慕课共建共享合作签约仪式、上海交通大学－百度慕课战略合作签约仪式同时举行。中国高等教育学会会长瞿振元、上海交通大学校长张杰、上海市教委副主任印杰先后致辞，称中文慕课平台"好大学在线"汇聚了名校、名师、名课，具有标志性的意义，其"让所有人上中国最好的大学"的理念和实践，

---

① 学堂在线：一个让你学习无极限的在线学习平台！[EB/OL].[2023-04-08].https：//baijiahao.baidu.com/s?id=1762568574108611567&wfr=spider&for=pc.

② 袁松鹤，刘选.中国大学MOOC实践现状及共有问题——来自中国大学MOOC实践报告[J].现代远程教育研究，2014（4）：3-12，22.

将对中国教育的发展和改革产生不可替代的促进作用。上海交通大学副校长黄震介绍了"好大学在线"的建设及上海交通大学慕课推进情况。上海中医药大学副校长胡泓毅、百度复合搜索部总监徐勇明在会上发言。[1]

上海交通大学研发的中文慕课平台"好大学在线"上线，实现了上海西南片19所高校互认慕课学分，使各高校的优质学习资源共享从实体校园向网络拓展，是全国首创。学生可借此平台跨校辅修第二专业学士学位。[2] 2014年6月，"好大学在线"与英国开放大学的慕课平台Futurelearn签约建立课程互换体系，优质课程将实现双平台同步上线。[3]

（二）好大学在线的定位与使命

"好大学在线"——是中国高水平大学慕课联盟的官方网站，联盟是部分中国高水平大学间自愿组建的开放式合作教育平台，为公益性、开放式、非官方、非法人的合作组织。旨在通过交流、研讨、协商与协作等活动，建设具有中国特色的、高水平的大规模在线开放课程平台，向成员单位内部和社会提供高质量的慕课课程。好大学在线的愿景是：让所有人都能上最好的大学。

好大学在线的主要目标为把上海西南片各高校的优势课程共享从有限的实体校园向无限网络空间拓展，建立学分互认机制，使学生免去奔波之苦，又能跨校修读优质课程获得第二专业学位。学生通过"好大学在线"平台可以选修来自内地、香港、台湾地区知名高校的优质课程，足不出户享受高水平教育资源，并有希望通过这种全新而自主的学习获得相应课程

---

[1] 百度百科好大学在线.[EB/OL].[2023-04-15].https：//baike.baidu.com/item/%E5%A5%BD%E5%A4%A7%E5%AD%A6%E5%9C%A8%E7%BA%BF.

[2] 董少校，卢思语.上海"好大学在线"平台上线19所高校互认慕课学分[N].中国教育报.2014-04-16.

[3] 李玉."好大学在线"将可选英国课程[EB/OL].[2014-06-18].http：//www.cssn.cn/gd/gd_rwhd/gd_dfwh_1654/201406/t20140618_1216425.shtml.

的学分，甚至通过系列课程的修读，获取辅修专业学位。①

好大学在线的建设目标是建设中国高水平大规模在线教育平台；实现中国高水平大学之间的教学资源共享及学分互认；向中国其他大学提供优质课程，提高中国高等教育质量；向社会公众提供在线课程教学服务，提升公民的科学素养和文化素养；向全球华人和相关需求者开放，传播与弘扬优秀中华文化。②

（三）好大学在线的优势特点

在近几年的发展中，"好大学在线"平台展现的优势是提供优质课程教学、第二专业系列课程教学、高端培训系列课程以及相关在线教育产品。

1.学分互认机制。由上海西南片联合办学，每年众多学生跨校选修第二专业课程，各高校优势课程共享，从有限的实体校园向无限的网络空间拓展。

2.高水平教学资源。该平台作为"中国高水平大学MOOCs联盟"的MOOC学习平台，拥有众多国内一流大学课程支持与交流。

3.认证机制。在平台开设MOOC的学校参加翻转课堂学习，完成课程学习所有环节，参与所有考核，且最终学习成绩合格，由学生所在学校给予学分，作为其在校生学习总量的一部分，成为获取学位证书的必要组成部分。③

4.作业互评。是在"好大学在线"上学习同一课程学生之间，按照要求相互批阅作业的学习环节。学生批阅别人作业情况（是否批阅以及是否认真批阅）以及被别人有效批阅的成绩将作为学院学习在线考核的一个重

---

① 李秀丽.我国高校慕课建设及课程利用情况调查分析——以中国大学MOOC等四大平台为例[J].图书馆学研究，2017（10）：52-57.

② 好大学在线关于我们[EB/OL].[2023-04-15].https：//www.cnmooc.org/home/about.mooc.

③ 王歆舒.中国MOOC平台传播与运营模式研究[D].暨南大学，2018.

要部分,评价结果将在学习最终成绩中占有一定比例。作业互评既是学习中的一个重要环节,也是学生参与教学、相互学习的一种有效方式,可促进学生相互交流,体现在线学习的主动性。①

九、中国大学MOOC(http：//www.icourse163.org/)

我们做在线教育的目的不是赚钱。当时为什么做这个项目?我就觉得全球的教育资源是不平等的,东方和西方、城市和农村都是不平等的。我们非常希望能够通过互联网这个渠道和手段,打破各种壁垒,让每个人都可以平等地享受教育。网易公司董事局主席兼首席执行官丁磊说。

(一)中国大学MOOC的创建

"爱课程"网作为"十二五"期间教育部、财政部"高等学校本科教学质量与教学改革工程"支持的国家精品开放课程建设项目的共享系统,于2011年11月9日开通,近1000门中国大学视频公开课、近3000门中国大学资源共享课相继上线。②

在国际在线开放课程兴起的大潮下,教与学的需求也在发生深刻变化。2014年5月8日,"爱课程"在深入研究分析国内外在线开放课程特征和要素,借鉴和采用国际知名慕课平台先进技术,广泛调研国内高校和教师应用需求的基础上,联合网易公司自主研发开通中国特色慕课平台——中国大学MOOC。"爱课程"不断完善平台技术,在平台功能迭代、服务模式创新、课程开放应用上持续提升,为课程建设和应用提供有效的支撑,为学习者提供个性化的运营服务。为了响应移动互联网时代的

---

① 好大学在线-作业互评.[EB/OL].[2023-04-15].https：//www.cnmooc.org/home/helpCenter/3/02.mooc.

② 吴博.探索适合中国国情和高等教育教学需求的"中国大学MOOC"[J].中国高等教育,2015(24)：13-15.

学习者需求，"中国大学MOOC" App于2015年上线，凭借高质量的课程内容和完美的用户体验得到了大量用户的关注和肯定，下载量累计突破860万。①

截至2015年11月底，中国大学MOOC已汇聚北京大学等全国50余所高水平大学开设的课程近500门次，注册总人数265万，总选课人次超过600万，在参与建设高校及课程团队数量、课程及教学资源数量、选课人数等量化统计中稳居国内MOOC平台之首，并保持国内单门课程选课人次最高纪录，成为最大的中文MOOC平台。②截至2017年3月，中国大学MOOC已经与包括北京大学、复旦大学、浙江大学、台湾新竹清华大学、微软亚洲研究院在内的近400家教学机构合作，其中包括118所211、985高校，并拥有近2000门课程和15万课程视频数量；平台注册用户近750万，选课人次近2500万，成为国内参与建设高校最多、开课数量最多、总选课人数最多的MOOC平台。③

目前高校使用"中国大学MOOC"的形式主要有以下几类：一是直接将课程用于本校，开展翻转课堂教学；二是将MOOC作为拓展学习资源，进行混合式教学；三是将MOOC作为本校公选课或专业选修课并认定学分。

（二）中国大学MOOC的定位与使命

2012年大规模在线开放课程在全球迅速兴起伊始，"爱课程"网即在深入追踪和研究国际MOOC发展的基础上，结合中国大学视频公开课和中国大学资源共享课建设的经验，深入思考与剖析"互联网+"时代高等

---

① 宋永刚.以创新精神构建在线开放课程服务体系——"爱课程"的探索与实践[J].中国大学教学，2018（1）：12-16.

② 吴博.探索适合中国国情和高等教育教学需求的"中国大学MOOC"[J].中国高等教育，2015（24）：13-15.

③ 王莹超.MOOC平台用户满意度评估模型研究[D].武汉大学，2017.

教育教与学的需求，凝练了"中国大学MOOC"的建设内涵与模式，确定了"扎根中国大学、助推教学改革、服务终身学习"的发展目标，构建了实现互联网思维与传统教学优势融合的MOOC平台。

中国大学MOOC是汇聚知名高校课程的中文MOOC平台，是由网易与高教社携手推出的在线教育平台，承接教育部国家精品开放课程任务，向大众提供中国知名高校的MOOC课程。在这里，能让每一个有提升愿望的用户能够学到中国知名高校的课程，并获得认证。在发展过程中，始终植根我国高等教育的实际需求，致力于优质课程资源的广泛传播与共享，为高校、师生和社会学习者提供个性化教学服务，探索和创新符合我国国情、满足教学需求的在线开放课程建设和应用模式。[①]

作为服务教育教学和自主学习的MOOC，在建设和应用过程中，平台是基础，课程是核心，机制是保障。MOOC不是简单的知识传播，而是承载教育的载体。通过融合传统教育和课堂，运用MOOC实现翻转课堂等教学方式变革，促进教学改革，服务终身学习。中国大学MOOC是国内MOOC平台代表之一，在课程多样性、用户人数、研究热度等方面，表现出突出优势。"给你最贴心的学习体验"是中国大学MOOC移动端的运营理念之一。[②]

（三）中国大学MOOC的优势特点

中国大学MOOC平台是由网易教育产品部和高教社爱课程网共同建设、携手推出的在线教育平台，网易教育产品部负责平台开发、运营及市场推广，高教社爱课程网承接教育部国家精品开放课程任务，负责内容提供与课程运营，向大众提供中国知名高校的MOOC。中国大学MOOC平台展现的优势包括丰富的名师名校课程、广泛的证书认证支持、良好的教

---

① 中国大学MOOC-关于我们.[EB/OL].[2023-04-15].https：//www.icourse163.org/about/aboutus.htm#/about.

② 堵雯昌.Coursera与中国大学MOOC平台学习体验的对比研究[D].南京邮电大学，2019.

学体验和全新完整的在线教学模式。

1.它拥有运营优势，有"网易云课堂""网易公开课"等产品背书，和高教社爱课程网的内容引进、编辑等运营经验。

2.它拥有技术优势，有网易的互联网技术支撑能力和经验。

3.它拥有用户优势，有网易在线教育产品线布局带来的用户积累。①

2022年8月10日，网易有道与高教社携手推出的中国大学生MOOC承载了一万多门开放课、1400多门国家级精品课，与803所高校开展合作，已经成为最大的中文慕课平台。这一平台拥有：

1.丰富的名师名校课程。来自众多985高校的优质课程、更好更全的大学课程，与名师零距离。从基础科学到文学艺术、从哲学历史到工程技术、从经管法学到农林医药，内容应有尽有，完全免费。

2.广泛认可的证书支持。完成课程学习并通过考核，可以获得讲师签名证书，给学习者无可替代的权威认证。

3.令人赞叹的教学体验。全新完整的在线教学模式，定期开课，看视频、做测验、交作业，与同学老师交流互动，让学习不再枯燥。无论是在家里，还是在咖啡馆，进度随你掌握！

4.贴心的移动学习体验。课件下载与离线观看，第一时间接收课程更新与提醒，随时随地，自主安排学习节奏。②

十、UOOC联盟（http：//www.uooc.net.cn/league/union）

深圳大学于2013年12月在深圳举办的全国地方高校MOOC发展研讨会上，提出关于组建UOOC（University Open Online Course）联盟的倡议，得到28所地方高校代表的响应和支持。2014年5月12，深圳大学牵头发

---

① 王歆舒.中国MOOC平台传播与运营模式研究[D].暨南大学，2018.
② 中国大学MOOC–关于我们.[EB/OL].[2023–04–15].https：//www.icourse163.org/about/aboutus.htm#/about.

起的全国地方高校优质MOOC课程共享联盟（UOOC联盟，简称优课联盟）在深圳大学正式成立，共有56所高校加盟，分布于全国40个城市，广东省有18所高校加盟，目前在建课程有10门。[①] 2014年9月18日，深圳大学牵头组建的地方高校慕课联盟——优课（UOOC）联盟正式上线。"优课联盟"基于超星慕课平台建设，其课程全程与本科教育对接，采取线上、线下混合教学的模式，并与学生学分挂钩，实现联盟内高校学分互认。其目的是希望通过共创、共担、共享机制来整合校际的优质教学资源，从而促进高等教育均衡化发展，提高地方高校人才培养和社会服务的能力。[②]

UOOC联盟作为首个全国地方高校优质MOOC课程资源共享平台，在国家相关政策引导下，本着共创、共建、共享的原则，整合全国地方高校优质教学资源，建设大规模开放在线课程，形成优质课程共建共享机制，为联盟高校学生及社会学员提供课程学习的选择和服务，力争提升地方高校人才培养水平和社会服务能力，促进我国高等教育均衡化发展。联盟成立以来，稳步推进，快速发展。加盟高校规模不断扩大，成员高校达134所，遍布全国29个省市自治区，69座城市，覆盖师生人数360万；MOOC课程数量不断增多，上线MOOC课程数量达555门；学校参与度广泛，供课学校已有68所；学生选课人数不断增加，累计选课人次近141万；运行机制不断完善，制定了《地方高校UOOC（优课）联盟章程》《地方高校UOOC（优课）联盟建设与运行管理办法》《地方高校UOOC（优课）联盟在线课程质量与学分互认管理办法》等规章制度，不断规范和完善联盟的各项管理；培训体系日趋完善，共举办了十一期UOOC联盟教师培训和两期课程平台管理员培训，受益教师近千人。实现了地方高校间优质

---

① 袁松鹤，刘选.中国大学MOOC实践现状及共有问题——来自中国大学MOOC实践报告[J].现代远程教育研究，2014（4）：3-12, 22.

② 吴锦辉.我国主要慕课（MOOC）平台对比分析[J].高校图书馆工作，2015, 35（1）：11-14, 40.

MOOC课程资源的共建共享以及学分互认，开展了在线教育的理论研究，并形成了较大的社会影响。

UOOC联盟的未来发展规划包括：

1.在课程内容上，联盟将进一步挖掘高校优质课程，加快建设特色课程，提高本科教学质量；联盟将会在充分了解学生需求的前提下，对接企业，明确企业用人需求，以就业培训为出发点，开设系列课程模块，制作系列课程群，开设更能满足市场需求的微专业课程，创新在线教育课程新形态，提高联盟高校就业率。

2.在平台规模上，联盟将进一步拓展联盟高校规模，形成更大范围的共建共享资源平台。

3.在教学管理上，联盟将进一步完善在线课程教学运行与管理新机制，以UOOC联盟和MOOC课程为契机，推动地方高校教学改革，完善创新人才培养资源共享机制，全面提高教育教学质量。①

十一、果壳网MOOC学院（https：//www.openlearning.com/guokrmooc/）

服务会是果壳的核心，单纯的内容是没有太多商业价值的，但内容能定位我们的用户群，让我们围绕内容做更深度的东西，可以让每个用户的单价变得更高。所以，果壳希望从一个泛科技社区，下沉到具体的行业，比如在线教育、中高等教育、备孕和性科学。果壳网创始人兼首席执行官姬十三说。

果壳网是一个社交网站，它面向的对象主要是都市科技青年，所以网站用户具有下列特征：爱学习、科技范儿和理工科，网站中还有各种兴趣小组，由来自各个领域的成员组成，有些用户在果壳网上的主要目的是

---

① 优课联盟-关于我们.[EB/OL].[2023-04-15].http：//www.uooc.net.cn/league/union/intro#.

学习，只用零碎的时间发一些问答帖子。2012年慕课席卷欧美，当时国内有关慕课的学习资源与学习平台还属于真空期，直到2012年末，有一名果壳用户申请组建一个MOOC兴趣小组，因为他在其他平台上学习过MOOC课程，并获得了相关课程证书，他想让更多人参与到MOOC课程中来，了解他的魅力所在，于是果壳网批准了他的申请。没过多久，这个学习小组的人数就超过了万人，更不可思议的是，他们都在系统地学习国外课程，这引起了果壳网官方的关注，开始对这个群体进行比较深入的了解，发现这些用户除了小组讨论外，还希望有一个更大的中文交流平台，在相近的文化背景和地理位置下讨论交流。于是果壳网为了满足用户的需求，在2013年5月正式推出MOOC学院，MOOC学院的成立也让更多人了解到这种学习模式。①

MOOC学院是果壳网旗下的一个讨论MOOC（大型开放式网络课程）课程的学习社区。MOOC学院收录了主流的三大课程提供商——Coursera、Udacity、edX的所有课程，并将大部分课程的课程简介翻译成中文，以便国内用户了解课程。由于使用果壳网学习的用户本来就很多，凭借这点优势，它成为国内最大的MOOC课程讨论社区，MOOC学院提供讨论区、观点点评以及课程记录的网络社交学习平台，更专注于推动学习者之间的沟通交流。MOOC学院用户可以在MOOC学院给上过的MOOC课程点评打分，在学习的过程中和同学讨论课程问题，记录自己的上课笔记。②

MOOC学院对自己的定位是网站本身不提供在线课程，课程的来源是Coursera、Udacity、edX以及国内高校，MOOC学院只提供讨论区、观点点评以及课程记录的网络社交学习平台，只专注于推动学习者之间的沟

---

① 谢莹.网络学习社区中学习共同体的社会性交互研究[D].云南师范大学，2014.
② 李秀丽.我国高校慕课建设及课程利用情况调查分析——以中国大学MOOC等四大平台为例[J].图书馆学研究，2017（10）：52–57.

通交流，发现课程。① MOOC学院希望做到学习者在MOOC课程平台听完课后，无论身在何处，就像在大学一样，找到一间教室和一群同学，用中文和同学们轻松愉快地探讨和分享学习内容，相互交流、帮助，以达到对课程的深入理解。

目前MOOC学院有三个主要模块，一是"课程区"，以课程为基本单元，聚合了该课程的中文简介、学习笔记、课程点评，通过这些基本信息，可以让学习者对该门课程有初步了解，还可以找到兴趣相投的同学；二是"讨论区"，用户可以用发帖、回帖的形式与大家展开有关于课程疑问或心得的讨论，同时还有官方征集翻译课程的字幕组、线下活动、晒结课证书等内容；三是"笔记"，汇集了所有课程的笔记，并以文档的形式呈现在网站首页。

十二、华文慕课（http：//www.chinesemooc.org/）

华文慕课是2015年由北京大学和阿里巴巴联合打造的以中文为主的慕课平台。这是继北京大学在edX上开课之后，对慕课的进一步推动。平台包括计算机、理学、工程、法与社会、文学、历史、哲学、经济管理、教育、艺术、医学、对外汉语、就业创业这些不同类别的课程。华文慕课的首批合作院校包括北京大学、台湾大学等名校。

华文慕课是一个以中文为主的慕课（MOOC）服务平台，为全球华人服务。它秉承公益、开放的原则，有教无类，并通过先进技术的支持，追求因材施教。它相信慕课实践不仅能让学习者有更多更好的选择，而且也让教育者能够更有效地改进教学，适应互联网时代学习的要求。

华文慕课为公益性开放共享慕课平台，以运用网络信息技术促进华文高等教育为使命，目标服务对象包括在校生、社会生、大学教师、大专院

---

① 于茂春，马金钟，王显宇.MOOC学院社交网络知识共享研究——以果壳网MOOC学院为例[J].中国职业技术教育，2016（17）：44-49.

校。为在校生提供更多的选择，为社会生提供终生学习的园地，为大学教师提供广泛传播学识的平台，为大学提供混合式教学模式实践的支撑。华文慕课的课程资源来自各高校或教师，知识产权属于其来源。华文慕课的学习数据为平台所有，在匿名化后与开课来源分享，并将形成跨课程数据共享的机制。华文慕课秉承课程学习免费的宗旨，同时欢迎社会各方在此基础上合作提供增值服务。①

十三、智慧树（https：//www.zhihuishu.com/）

智慧树网隶属于上海卓越睿新数码科技股份有限公司，是全球大型的学分课程运营服务平台。服务的会员学校近3000所，已有超2000万人次大学生通过智慧树网跨校修读并获得学分。智慧树网帮助会员高校间实现跨校课程共享和学分互认，完成跨校选课修读，是目前国内覆盖学校和学生最多的平台。②

智慧树网致力于成为中国领先的教育信息化制造商与互联网教育运营商，其独特的"平台＋内容＋服务"三位一体的业务模式，帮助高等院校完成优质课程的引进和服务配套落地，通过观摩和分享名校名师的优质课程设计，帮助教师完成教学发展培训，协助教师建设新课程，实现教法改革，促动本校教学产生内生动力。在几年的服务过程中，智慧树网也积累了丰富的服务经验，通过完善服务的基础设施，建立全国服务专业团队，来应对大范围、大规模教学服务交付的挑战。

（一）愿景：成为中国领先的教育信息化制造商与互联网教育运营商

（二）使命：技术推动教育进步，教育推动社会进步。共享优质教育资源，促进教学方法改革，提升中国人才质量。为社会各界提供学习的机

---

① 华文慕课-服务条款.[EB/OL].[2023-04-20].http：//www.chinesemooc.org/do.php?ac=reg.
② 马金钟，马淼.基于学习者视角的国内主要MOOC平台比较研究[J].延边大学学报（社会科学版），2019，52（4）：104-110，143.

会，服务学习型社会，促进优质教育资源国际交流，弘扬中华文化，吸收世界文明。

（三）服务对象：各类学校、教育培训机构都可注册成为智慧树会员；各类联盟也可注册为智慧树的团体会员；各有志于教学活动的个人，也可注册成为智慧树的个人会员。

（四）服务内容主要分为两大类：

1. 运营服务

①帮助学校机构创建在线大学，实现在线教育运营。包括本校课程的推广及招生、外校课程的选择与学分认证，各类课程教学管理服务。

②帮助联盟创建联盟在线服务平台，帮助联盟实现课程交换认证，帮助联盟成员进行课程推广和招生，为联盟成员提供公共服务。

③为教师提供线上线下教学、管理、收入等服务支持，开设课程，完成课程教学工作，课程的推广、招生、结算，社交网络服务、移动平台服务。

④帮助学生学习更多的课程，获得更好的效果，提供选课缴费、上课、讨论作业、成绩学分，社区社团服务、个人社交网络服务，移动平台服务。

2. 课程服务

帮助机构或教师进行课程的教学设计及培训、课程开发过程组织、课程资源制作、在线教程制作服务等。课程的教学模式多种多样，包含"在线式"或"混合式"，形式包含：本校课程的推广及招生、外校课程的选择与学分认证、各类课程教学管理服务。

（五）服务特色

1. 高品质的应用体验。①一体化，提供从课程开发、课程管理、选课缴费、到课堂教学、在线学习、修读证明的教学全过程服务。②社区化，以学生兴趣为导向的各类教学社区、社团，提高学习的积极性，互动性。

③人性化，满足学生个性化教学需求，提供个人社交网络，提供便捷的移动应用服务。④碎片化，采用翻转课堂的教学模式，以短小精悍的课堂视频、知识卡支持学生碎片化的高效学习。

2.高品质的教学质量。①高品质的课程内容，优秀大学中优秀的教师团队，设计制作出高品质的课程内容，经典、前沿、整合、创新，让学生达到更高的学习目标。②高互动的教学方法，线上结合线下的多种教学过程互动，让学生在积极参与中沟通、协作、批判、表达，培养学生素质、提升学生能力。

3.高品质的修读证明。①校内校外联合教学，让优质资源共享与个性化教学相结合，促进培养质量提升。②校内校外联合证明，可使学生获得开课学校的修读证明，在本校获得学分。[①]

智慧树是全球知名的学分课程服务平台、在线教育平台，拥有海量大学高品质课程，网络教育在线完美支持跨校授课，学分认证，名师名课名校，在线互动教育学堂，体验VIP级课程学习。智慧树在线教育平台拥有一支专业的教学团队，他们拥有丰富的教学经验，能够提供高质量的教学服务。他们采用最新的教学理念，以更加有趣的方式来讲解课程内容，让学生们更容易理解，更容易掌握知识。智慧树在线教育平台还提供了丰富的学习资源，包括课程视频、课件、习题等，让学生们可以在家里自主学习，更好地掌握知识。智慧树在线教育平台还提供了一系列的在线测试，让学生们可以检测自己的学习成果，更好地掌握学习进度。智慧树在线教育平台的服务质量得到了众多学生的认可，他们给出了很高的评价，表示自己在这里学习得到了很大的收获。

---

① 智慧树在线教育——关于智慧树.[EB/OL].[2023-04-20].https：//www.zhihuishu.com/aboutus.html.

十四、可汗学院（https：//www.khanacademy.org/）

可汗学院（Khan Academy）是孟加拉裔美国人萨尔曼·可汗（Salman Khan）于2008年创立的一家教育性非营利组织，其愿景是通过向全球提供免费的一流教育来改变世界。① 从最初单一的教学视频开发，到现在集微视频资源、学习与教学的组织、支持、管理和服务于一体的整套系统，可汗学院在全球开放教育资源发展的历程中无疑是最具影响力的产品之一。在美国，现已有几十所公立学校的教师和学生开始使用可汗学院学习平台，可汗学院平台的设计理念、功能实现等得到广泛的赞誉。比尔·盖茨（Bill Gates）称其为"未来教育的发展方向"。②

可汗学院提供数学、科学、经济与金融、艺术与人文、计算机、考试准备（如SAT、GMAT等）、合作课程（与大英博物馆、亚洲艺术博物馆、美国航空和宇宙航行局等机构合作开发的有关人文科学和自然科学的科普课程）和高校入学申请培训八大门类课程。在线平台页面的语种除英语之外，还有志愿者翻译的葡萄牙语、西班牙语、中文等其他语言。作为一个非营利性组织，可汗学院的所有课程及其学习平台的所有功能都是免费的，用户只需要简单注册即可使用。盖茨基金会、美国银行、谷歌、甲骨文等机构都是其赞助者。著名搜索引擎谷歌（Google）的前任首席执行官埃里克·史密斯（Eric E.Schmidt）于2012年5月加盟，成为可汗学院董事会成员。③

可汗学院在线平台有两大核心功能：支持学生在线自主学习和支持教师管理学生学习行为并提供辅导。学生在线学习的内容主要为观看知识点

---

① A Free World-class Education for Anyone Anywhere[EB/OL].[2014-06-06].https：//www.khanacademy.org/about.

② 桑新民，李曙华，谢阳斌.21世纪：大学课堂向何处去——"太极学堂"的理念与实践探索[J].开放教育研究，2012（2）：9-21.

③ Google管理团队[EB/OL].[2014-06-06].http：//www.google.cn/intl/zh-CN/about/company/facts/management/.

微视频与完成练习和测试,并可以查看系统自动生成的学生学习进展报告。教师的活动主要是查看学生的在线学习行为,了解学生知识技能的掌握情况,并通过推荐视频材料和练习题以及解答学生疑问提供学习辅导。可汗在线平台以课程知识地图为基础组织课程内容,并以知识和技能分级为基础组织练习与测评。①

可汗学院在线平台的基本功能包括:

1.观看视频

教学视频是可汗学院为学生提供的获取知识的主要手段,它有以下特点:

①均为微视频,时长10分钟左右,质量极高、趣味性强、短平快;

②讲师不出镜,避免干扰,有助于学生集中注意力;

③电子板书中包含大量图示,犹如现场授课,浅显易懂、循序渐进;

④学生可以按自身学习水平对视频操作快进、后退,也可反复播放。

10分钟的视频教学易于消化,降低了认知负荷。学生无须依赖教师授课,而是看视频自主学习。这样的学习模式是开放与自由的。传统的课堂教学中,教师要顾及多数学生的认知水平,可能为了赶进度,放弃部分落后于班级平均水平的学生。在可汗学院,学生通过视频,可以按照自己的步调学习,能够在任何不懂的地方暂停、重播,不用自卑和尴尬、提防外部负面评价;当然,对于已经理解的内容同样可以快进,提高学习效率。这样的讲课形式更人性化,更能理解和尊重学生,使学习从恐惧走向愉悦。

2.做练习

①不求及格,唯需精通。看完视频,针对每个知识点都相应提供配套的即时练习。每10分钟一节课,随堂测试,作业量不大,以免给学生造成过重负担。可汗学院推崇精熟教学,一个知识点学通透了,才可以进入

---

① 方圆媛.翻转课堂在线支持环境研究——以可汗学院在线平台为例[J].远程教育杂志,2014,32(6):41-48.

下一环节。"精熟教学法"是1919年美国激进教育家卡尔顿·沃什伯恩提出的，原本因为教学成本太高而未被推广，而由于技术的支持，可汗学院的教学模式很好地解决了这个问题。

②串联相通的知识地图。在练习界面出现的星空图，实质是建立了一个基于知识点内在联系的知识地图，画出了知识点之间的相关逻辑。知识不应该强制性地分出科目和章节，传统的学科划分局限了学生的思维，教学应该将课程之间纵横打通，帮助学生梳理各知识点间的联系。根据学生的知识点选择，可汗学院会依据知识点之间的联系，给学生推荐下一步学习的内容。

3. 提供指导

①个人主页。在个人主页，学生可以查看自己的数据统计，了解系统针对每次学习与测试的数据分析后提供的实时评估，掌握自己的学习进度。

②指导者。每个学生都可以在个人页面上绑定一名或多名指导者，指导者可以共享学生的学习进度，方便更加及时和有针对性地进行管理和辅导。

③学习社区。在看完视频后，还可以进入学习社区，向指导者或者其他学习者提问、交流。

④其他数据分析。除了正确率外，平台还会统计学生在每个模块的停留时间、能力培养情况以及学生的个人目标等。学好了有奖励，学不好可以自查问题所在；指导者会及时对症下药地进行辅导；有疑问可以在交流区进行讨论，互相启迪、激发灵感。这种方式可使学生对自己的学习更积极、更具有责任心。[1]

---

[1] 孟冰纹，肖玉敏，唐婷婷等.美国可汗学院数据平台功能与数据分析框架研究及启示[J].图书馆研究与工作，2018（9）：41-47.

附 录

为了使读者更好地了解认识慕课、为图书馆深入开展服务工作提供文献参考，笔者分别以"MOOC"；"MOOC" and "图书馆"为主题，在中国知网进行检索。分别选取被引量排名前100的论文，按被引次数由高到低排序，编辑制作以下两个附表，附表数据均来自中国知网，检索时间为2023年4月28日。

附表1　MOOC主题论文100篇

序号	题名	第一责任人	文献来源	被引	下载	发表时间
1	从"翻转课堂"的本质，看"翻转课堂"在我国的未来发展	何克抗	电化教育研究	2909	71260	2014-07-01
2	在线教育的"后MOOC时代"——SPOC解析	康叶钦	清华大学教育研究	1832	32535	2014-02-10
3	"互联网+教育"理念及模式探析	张岩	中国高教研究	1228	34799	2016-02-20
4	MOOC的发展及其对高等教育的影响	王文礼	江苏高教	1009	18435	2013-03-05
5	SPOC：基于MOOC的教学流程创新	贺斌	中国电化教育	858	14841	2015-03-10
6	在新时代全国高等学校本科教育工作会议上的讲话	陈宝生	中国高等教育	836	6124	2018-08-18
7	大规模网络开放课程（MOOC）典型项目特征分析及启示	王颖	远程教育杂志	827	23227	2013-08-01

· 179 ·

续表

序号	题名	第一责任人	文献来源	被引	下载	发表时间
8	MOOC：一种基于连通主义的巨型开放课程模式	李青	中国远程教育	771	9041	2012-03-06
9	基于MOOC的大学英语翻转课堂教学模式研究	胡杰辉	外语电化教学	762	25399	2014-11-20
10	从MOOC到SPOC：一种深度学习模式建构	曾明星	中国电化教育	743	21916	2015-11-05
11	从MOOC到SPOC——基于加州大学伯克利分校和清华大学MOOC实践的学术对话	徐葳	现代远程教育研究	739	13283	2014-07-25
12	基于关联主义的大规模网络开放课程（MOOC）及其学习支持	樊文强	远程教育杂志	730	12568	2012-06-01
13	MOOC的发展历程与主要特征分析	陈肖庚	现代教育技术	704	13326	2013-11-15
14	基于MOOC的翻转课堂教学模式研究	曾明星	中国电化教育	692	21658	2015-04-10
15	大规模在线开放课程的新发展与应用：从cMOOC到xMOOC	王萍	现代远程教育研究	662	10735	2013-05-25
16	SPOC混合学习模式设计研究	陈然	中国远程教育	631	11241	2015-05-30
17	"慕课"（MOOCs）发展对我国高等教育的影响及其对策	张鸷远	河北师范大学学报（教育科学版）	624	16102	2014-03-15
18	国内MOOC研究现状的文献分析	郝丹	中国远程教育	593	23230	2013-11-06
19	基于MOOC+SPOC的混合式教学的探索与实践	苏小红	中国大学教学	592	11142	2015-07-15
20	高校翻转课堂：现状、成效与挑战——基于实践一线教师的调查	缪静敏	开放教育研究	568	16933	2015-10-05
21	MOOC平台与典型网络教学平台的比较研究	韩锡斌	中国电化教育	524	14561	2014-01-10
22	MOOC：特征与学习机制	王永固	教育研究	467	15106	2014-09-15
23	"慕课""微课"与"翻转课堂"的实质及其应用	王秋月	上海教育科研	455	15662	2014-08-15

续表

序号	题名	第一责任人	文献来源	被引	下载	发表时间
24	"后MOOC"时期的在线学习新样式	祝智庭	开放教育研究	454	8780	2014-06-05
25	"互联网+教育"的创新本质与变革趋势	陈丽	远程教育杂志	453	11484	2016-07-20
26	MOOC热的冷思考——国际上对MOOCs课程教学六大问题的审思	高地	远程教育杂志	449	9796	2014-03-25
27	"互联网+教育"背景下智慧课堂教学模式设计与应用研究	陈婷	江苏师范大学	444	23425	2017-05-01
28	中国大学MOOC实践现状及共有问题——来自中国大学MOOC实践报告	袁松鹤	现代远程教育研究	440	15746	2014-07-25
29	基于SPOC翻转课堂教学模式的探索与反思	薛云	中国电化教育	423	9151	2016-05-06
30	大数据时代的慕课与外语教学研究——挑战与机遇	陈坚林	外语电化教学	421	15672	2015-01-20
31	MOOCs的特征及其教学设计原理探析	李曼丽	清华大学教育研究	419	6898	2013-08-10
32	基于MOOC的混合式学习模式探究——以Coursera平台为例	牟占生	现代教育技术	416	8358	2014-05-15
33	基于MOOC数据的学习行为分析与预测	蒋卓轩	计算机研究与发展	409	10481	2014-11-04
34	MOOCs的本土化诉求及其应对	顾小清	远程教育杂志	405	6194	2013-10-01
35	大数据与信息化教学变革	金陵	中国电化教育	391	12933	2013-10-10
36	从OCW课堂到MOOC学堂：学习本源的回归	张振虹	现代远程教育研究	389	10994	2013-05-25
37	"慕课"对高校教师教学能力的挑战与对策	李晓东	南京理工大学学报（社会科学版）	386	8247	2014-03-20
38	慕课：本质、现状及其展望	贺斌	江苏教育研究	361	8668	2014-01-05
39	基于MOOC与雨课堂的混合式教学初探——以"生活英语听说"MOOC与雨课堂的教学实践为例	杨芳	现代教育技术	357	9365	2017-05-15

续表

序号	题名	第一责任人	文献来源	被引	下载	发表时间
40	"慕课热"的冷思考	吴万伟	复旦教育论坛	353	11749	2014-01-20
41	基于SPOC的翻转课堂教学设计模式在开放大学中的应用研究	王朋娇	中国电化教育	351	9610	2015-12-10
42	"慕课"带给高校的机遇与挑战	李斐	中国高等教育	342	9277	2014-04-03
43	MOOCs学习者特征及学习效果分析研究	姜蔺	中国电化教育	340	9571	2013-11-10
44	慕课发展及其对开放大学的启示	殷丙山	北京广播电视大学学报	337	10138	2013-10-20
45	MOOC热背后的冷思考	汪基德	教育研究	335	11288	2014-09-15
46	慕课正在成熟	斯蒂芬·哈格德	教育研究	328	19240	2014-05-15
47	大规模开放在线课程的国际现状分析	袁莉	开放教育研究	319	5570	2013-06-05
48	"慕课"发展中的问题探讨	邓宏钟	科技创新导报	313	8693	2013-07-01
49	MOOC用户持续使用行为影响因素研究	杨根福	开放教育研究	302	9155	2016-02-05
50	一流本科 一流专业 一流人才	吴岩	中国大学教学	296	5308	2017-11-15
51	混合学习视角下MOOC的创新研究：SPOC案例分析？	罗九同	现代教育技术	291	7364	2014-07-15
52	MOOCs革命：独立课程市场形成和高等教育世界市场新格局	李明华	开放教育研究	291	5988	2013-06-05
53	"互联网+"背景下的课堂教学——基于慕课、微课、翻转课堂的分析与思考	周雨青	中国教育信息化	290	5088	2016-01-10
54	论混合式教学的六大关系	于歆杰	中国大学教学	288	5687	2019-05-15
55	"互联网+"时代课程教学环境与教学模式研究	陈一明	西南师范大学学报（自然科学版）	285	6891	2016-03-20
56	"互联网+"时代背景下大学英语教学改革与发展研究	王丽丽	黑龙江高教研究	281	7420	2015-08-05
57	"后MOOC"时期基于泛雅SPOC平台的混合教学模式探索	尹合栋	现代教育技术	278	6204	2015-11-24

续表

序号	题名	第一责任人	文献来源	被引	下载	发表时间
58	"慕课"时代的课程知识体系构建	邓宏钟	课程教育研究	270	8515	2013-07-25
59	基于慕课的翻转课堂及其教学结构研究	易庆竑	现代教育技术	264	10798	2015-04-15
60	全球突发公共卫生事件背景下的汉语教学	崔希亮	世界汉语教学	262	8350	2020-07-05
61	"互联网+"混合式教学研究	汤勃	高教发展与评估	261	5001	2018-05-30
62	开放大学混合式教学新内涵探究——基于SPOC的启示	吕静静	远程教育杂志	259	9360	2015-05-25
63	后MOOC时期高等学校教学新模式探索	李红美	高等工程教育研究	257	9823	2014-11-28
64	新冠肺炎疫情期间高校在线教学探析	杨海军	中国多媒体与网络教学学报（上旬刊）	256	16344	2020-03-11
65	中小学慕课与翻转课堂教学模式研究	陈玉琨	课程.教材.教法	256	10376	2014-10-01
66	高校图书馆应对MOOC挑战的策略探讨	傅天珍	大学图书馆学报	256	8742	2014-01-21
67	"乔布斯之问"的文化战略解读——在线课程新潮流的深层思考	桑新民	开放教育研究	250	5502	2013-06-05
68	在线教育平台用户持续使用意向及课程付费意愿影响因素研究	李雅筝	中国科学技术大学	248	15112	2016-09-30
69	MOOC与翻转课堂融合的深度学习场域建构	曾明星	现代远程教育研究	247	8464	2016-01-25
70	慕课与翻转课堂：概念、基本特征及设计策略	蔡宝来	教育研究	245	9011	2015-11-15
71	基于MOOC的高校教学模式构建研究	孙雨生	远程教育杂志	244	8183	2015-05-25
72	慕课、翻转课堂、微课及微视频的五大关系辨析	谢贵兰	教育科学	240	6429	2015-10-20
73	从开放教育资源到"慕课"——我们能从中学到些什么	焦建利	中小学信息技术教育	240	4507	2012-10-01

续表

序号	题名	第一责任人	文献来源	被引	下载	发表时间
74	MOOCs的兴起及图书馆的角色	秦鸿	中国图书馆学报	239	17842	2014-02-12
75	面向MOOC的学习管理系统框架设计	李华	现代远程教育研究	239	9409	2013-05-25
76	现状与反思：国内翻转课堂研究评述	卜彩丽	中国远程教育	237	10642	2016-02-26
77	疫情防控期间汉语技能课线上教学模式分析	王瑞烽	世界汉语教学	235	8231	2020-07-05
78	让MOOCs更有意义：在谎言、悖论和可能性的迷宫中沉思	约翰·丹尼尔	现代远程教育研究	234	5426	2013-05-25
79	教育数据挖掘研究进展综述	周庆	软件学报	233	5863	2015-11-15
80	国际MOOCs对我国大学英语课程的冲击与重构	马武林	外语电化教学	233	4979	2014-05-20
81	基于在线课程的混合式教学设计与实践探索	刘斌	中国教育信息化	230	4863	2016-06-05
82	线上线下混合教学模式实施方案设计	杨宇翔	课程教育研究	230	4776	2015-02-15
83	基于MOOC的混合式学习及其实证研究	杜世纯	中国电化教育	228	5117	2016-12-02
84	MOOC学习者个性化学习模型建构	杨玉芹	中国电化教育	228	8569	2014-06-10
85	翻转课堂引入普通高校公共体育教学的研究	王国亮	北京体育大学	228	10857	2016-06-13
86	论"互联网+"给我国教育带来的机遇与挑战	胡乐乐	现代教育技术	223	11512	2015-12-15
87	MOOCs课程模式：贡献和困境	陈冰冰	外语电化教学	220	2611	2014-05-20
88	"互联网+"时代高校教学创新的思考与对策	刘刚	中国高教研究	219	5003	2017-02-20
89	"直播+教育"："互联网+"学习的新形式与价值探究	刘佳	远程教育杂志	215	7824	2017-01-20
90	新建构主义视角下大学生个性化学习的教学模式探究	郑云翔	远程教育杂志	215	7409	2015-07-25

续表

序号	题名	第一责任人	文献来源	被引	下载	发表时间
91	cMOOC与xMOOC的辨证分析及高等教育生态链整合	韩锡斌	现代远程教育研究	215	3886	2013-11-25
92	MOOC环境下微课程设计研究	胡洁婷	上海师范大学	215	16061	2013-04-01
93	"慕课加翻转课堂教学"成效的实证研究	田爱丽	开放教育研究	213	6974	2015-12-02
94	后IT时代MOOC对高等教育的影响	老松杨	高等教育研究学报	213	4877	2013-09-15
95	"互联网+"引领教育改革新趋势	解继丽	楚雄师范学院学报	211	9270	2015-02-20
96	MOOCs热潮中的冷思考	桑新民	中国高教研究	210	3198	2014-06-20
97	"慕课"潮流对大学影响的深层解读与未来展望	桑新民	中国高等教育	205	6516	2014-02-18
98	对MOOCs浪潮中微课的深度思考——基于首届高校微课大赛的分析	杨满福	教育发展研究	203	7051	2013-12-10
99	"慕课"在全球的现状、困境与未来	郭英剑	高校教育管理	202	8208	2014-05-14
100	基于慕课的翻转课堂教学模式研究——以大学英语后续课程为例	章木林	现代教育技术	200	5919	2015-08-15

附表2: "MOOC" and "图书馆"主题论文100篇

序号	题名	第一责任人	文献来源	被引	下载	发表时间
1	高校图书馆应对MOOC挑战的策略探讨	傅天珍	大学图书馆学报	256	8742	2014-01-21
2	MOOCs的兴起及图书馆的角色	秦鸿	中国图书馆学报	239	17842	2014-02-12
3	慕课,撬动图书馆新变革的支点	叶艳鸣	国家图书馆学刊	177	6840	2014-01-24
4	大规模在线开放课程(MOOC)与高校图书馆角色研究综述	罗博	图书情报工作	173	6343	2014-02-05
5	MOOC背景下信息素养教育的变革	黄如花	图书情报知识	122	4946	2015-07-15

续表

序号	题名	第一责任人	文献来源	被引	下载	发表时间
6	MOOC环境下的图书馆角色定位与服务创新	陆波	图书与情报	116	2754	2014-04-25
7	MOOC时代背景下的图书馆服务模式创新研究	于爱华	图书馆学研究	104	2315	2014-11-15
8	"MOOC"环境下高校图书馆服务创新研究	游祎	图书馆杂志	94	2358	2014-06-15
9	大学图书馆参与MOOC版权服务的实践及启示——以杜克大学图书馆为例	张丹	图书情报工作	90	2434	2014-05-20
10	我国高校慕课建设及课程利用情况调查分析——以中国大学MOOC等四大平台为例	李秀丽	图书馆学研究	87	2811	2017-05-25
11	国外高校图书馆在MOOC中的作用及其启示	张舵	图书馆建设	85	2391	2014-07-20
12	MOOCs对高校图书馆的影响研究	刘恩涛	图书馆杂志	78	2051	2014-02-15
13	MOOC环境下对高校图书馆信息服务工作的思考	王红英	图书馆工作与研究	65	1256	2015-02-15
14	融合"MOOC"课程和"翻转课堂"理念优势的信息素养教学模式构建与实践	陈晓红	图书情报工作	64	2158	2016-03-20
15	MOOC何去何从：基于知识图谱的国内研究热点分析	王佑镁	中国电化教育	60	4105	2015-07-10
16	图书馆推广MOOCs的必要性研究	杨云云	现代情报	60	1074	2013-01-15
17	美国高校图书馆开展MOOC服务的实践及启示	杨杰	图书馆学研究	58	1859	2014-10-15
18	公共图书馆"抖音"短视频服务现状及发展策略研究	孙雨	图书馆工作与研究	54	2680	2021-01-15
19	区块链技术下的图书馆数字版权管理研究	赵力	图书馆学研究	53	1547	2019-03-15
20	基于MOOC构建高校课程教学新模式	邰杨芳	中华医学图书情报杂志	53	1801	2014-07-15

续表

序号	题名	第一责任人	文献来源	被引	下载	发表时间
21	MOOC运动及其对公共图书馆建设的影响	王聪聪	图书馆论坛	52	2047	2014-04-10
22	MOOCs时代的高校图书馆：机遇与挑战	彭立伟	图书与情报	52	1368	2014-06-25
23	MOOC背景下的高校图书馆应对策略研究	黎梅	图书馆	50	1187	2015-09-09
24	高校图书馆微视频服务研究——兼论信息素养教育微视频案例库	沙玉萍	图书情报工作	50	1600	2015-08-05
25	我国MOOC的研究热点与发展趋势解析	凡妙然	现代教育技术	49	2391	2017-03-15
26	美国图书馆应对MOOC的策略及启示	陆美	图书馆	48	2175	2015-03-03
27	高校图书馆的MOOC服务探索研究——以东北师范大学图书馆的MOOC服务为例	张艳婷	图书馆学研究	48	1742	2014-09-25
28	美国大学图书馆的元素养教育的进展及其启示	张丹	大学图书馆学报	47	1470	2016-03-21
29	近五年国内外信息素养教育研究进展及展望	陈晓红	图书情报工作	46	2651	2018-05-20
30	MOOC环境下我国高校图书馆信息素养教育模式研究	邓佳	现代情报	45	1171	2015-12-15
31	新兴技术环境下大学图书馆面临的挑战与对策	任树怀	大学图书馆学报	45	2013	2014-01-21
32	面向MOOC的大学图书馆资源建设策略探讨	沈秀琼	图书情报工作	42	1147	2014-11-20
33	美国公共图书馆MOOC服务实践及启示	杨杰	图书馆建设	42	1526	2015-01-15
34	MOOC背景下图书馆学课程建设的变化与因应	王友富	图书情报知识	41	2196	2014-12-31
35	"互联网+"高校图书馆智慧化服务模式探究	吴宇芬	农业图书情报学刊	40	1383	2017-03-01
36	MOOC时代的信息素养教育探讨	郑芬芳	高校图书馆工作	40	1503	2015-01-15

续表

序号	题名	第一责任人	文献来源	被引	下载	发表时间
37	图书馆视角下的MOOCs版权问题研究	叶兰	大学图书馆学报	39	1086	2014-09-21
38	基于文献调研的国内外高校信息素养教学内容与模式趋势探析	龚芙蓉	大学图书馆学报	39	2712	2015-03-21
39	面向MOOCs课程的图书馆支撑体系初探	付佳佳	图书馆学研究	38	1009	2014-04-25
40	慕课（MOOC）对高校图书馆服务的启示——以东华大学图书馆为例	陈丽萍	农业图书情报学刊	38	1251	2014-09-05
41	面向研究生的高校图书馆科学数据素养教育研究	张群	大学图书馆学报	36	1407	2017-05-21
42	高校图书馆参与MOOC版权服务的路径研究	孙晓红	高校图书馆工作	35	708	2015-01-15
43	面向MOOCs的图书馆泛在化服务对策研究	刘姝	图书馆学研究	35	1258	2014-01-15
44	MOOC的兴起与高校图书馆的应对	刘勋	情报资料工作	34	841	2014-11-25
45	MOOC背景下的学科服务探讨	何立芳	图书馆杂志	34	1480	2015-03-15
46	大学图书馆版权管理和版权服务的新视点——关于MOOC	郝瑞芳	图书馆工作与研究	34	768	2015-04-15
47	MOOC本土化发展及其对高校图书馆的影响	王红	高校图书馆工作	34	731	2014-11-15
48	MOOC环境下图书馆服务创新研究——基于MOOC学员需求调查的分析	何宇杰	新世纪图书馆	34	963	2014-10-20
49	国内慕课（MOOCs）研究进展	阎秋娟	图书馆理论与实践	33	2239	2016-01-30
50	"OCs在线课程时代"高校图书馆的角色定位——基于MOOC、SOOC及SPOC的探索	李红霞	现代教育技术	33	1843	2015-05-15
51	MOOC浪潮中的大学图书馆及馆员	沈利华	情报资料工作	33	1371	2014-09-25
52	信息素养通识教育的理论创新及其实践探索	潘燕桃	图书馆杂志	31	2528	2017-12-15

续表

序号	题名	第一责任人	文献来源	被引	下载	发表时间
53	国内大学慕课发展现状调查及图书馆嵌入慕课的问题研究	李冶	图书馆学研究	31	1084	2015-09-25
54	我国慕课研究现状、热点聚焦与发展建议——基于知识图谱的可视化分析	田生湖	成人教育	29	2636	2018-12-29
55	高校信息素养类慕课（MOOC）创新策略研究——基于中国大学慕课和学堂在线开展的调研	周晶	图书馆学研究	29	1581	2019-09-25
56	大学生慕课（MOOC）使用意愿影响因素与图书馆应对策略	邓李君	图书馆论坛	29	1423	2016-04-11
57	慕课形势下高校图书馆的服务模式探讨	黄文碧	情报探索	29	1059	2015-01-15
58	"慕课"对高校图书馆服务的冲击与挑战	陈哲	现代情报	29	948	2015-02-15
59	高校信息素养教育与MOOC的有机结合	赵飞	图书情报工作	29	1513	2015-06-20
60	"慕课"背景下高校图书馆职能创新的探讨	尹桂平	图书馆研究	29	915	2014-09-30
61	5G网络技术对提升4G网络性能的研究	刘奕	数码世界	29	1138	2020-04-01
62	中外图书馆界对MOOC的研究现状与展望	张艳婷	情报科学	28	1198	2015-04-05
63	高校图书馆嵌入式服务的智能化设计与实现——以MOOCs为例	刘爱琴	情报理论与实践	27	793	2017-03-13
64	MOOCs背景下的高校图书馆服务探索与思考	郑伟	图书馆理论与实践	27	852	2014-09-30
65	慕课、版权和图书馆——图书馆为慕课提供版权服务的支点、难点与切入点	秦珂	图书馆	26	1285	2015-04-15
66	由慕课引发的关于高校信息素养教育的思考	唐菁	情报理论与实践	26	1285	2015-10-14
67	美国大学图书馆MOOC版权服务实践与启示	蒋逸颖	图书馆论坛	25	1096	2016-01-13

续表

序号	题名	第一责任人	文献来源	被引	下载	发表时间
68	慕课时代大学图书馆的挑战、机遇与对策	刘丽萍	图书馆学刊	25	769	2015-03-09
69	慕课环境下的高校信息素养教育	刘峰峰	情报探索	25	784	2015-03-15
70	大学图书馆MOOC版权清理问题探析	彭冀晔	图书馆建设	25	766	2015-04-15
71	高校图书馆"3+2+1"慕课化信息服务模式探索	艾兵	图书情报工作	24	777	2016-03-05
72	MOOC环境下我国信息素养教育研究综述	张丹	图书情报工作	24	2010	2016-06-05
73	基于MOOC的版权管理和版权保护问题研究	陈勇	科技与出版	24	705	2015-02-08
74	慕课浪潮对高校图书馆的冲击与思考	佟燕华	农业图书情报学刊	24	839	2014-08-05
75	高校图书馆信息素养教育MOOC化模式与实现策略分析	万文娟	现代情报	23	762	2017-04-15
76	基于MOOC模式的《文献信息检索课》创新研究	秦静茹	河南图书馆学刊	23	824	2014-05-15
77	"双一流"建设背景下高校图书馆信息素养教育现状及发展对策研究	徐春	图书馆学研究	22	1300	2020-02-15
78	面向MOOC的高校图书馆发展战略	韩炜	图书馆学刊	22	659	2014-09-30
79	MOOC背景下高校图书馆信息素养教育研究	黎梅	图书馆	22	731	2016-07-11
80	大英图书馆提供MOOC服务	顾立平	中国图书馆学报	22	1856	2014-03-15
81	"5G+"时代图书馆智慧阅读服务新生态研究	汤尚	图书馆工作与研究	21	1328	2021-06-15
82	高校图书馆在地方现代公共文化服务体系中的定位及服务对策研究	赵莉娜	图书馆学研究	21	1073	2018-09-25
83	试论MOOC背景下高校图书馆的服务创新	蒋丽丽	图书馆工作与研究	21	961	2015-11-15

续表

序号	题名	第一责任人	文献来源	被引	下载	发表时间
84	高校图书馆应对MOOC模式的探索	郑杨	图书馆学刊	21	432	2014-09-30
85	高校图书馆在慕课中的角色定位及实现机制探析	周频	情报探索	21	517	2015-03-15
86	转变·重塑·再造——2013年英美等国图书馆发展战略评述	王铮	图书情报工作	21	770	2014-06-05
87	创建三大现实场景信息素养通识教育内容体系	潘燕桃	图书馆建设	20	960	2018-04-25
88	MOOC环境下的高校图书馆服务转型	邓李君	情报理论与实践	20	712	2016-11-16
89	MOOC模式下高校图书馆发展趋势及对策	王本欣	图书馆学刊	20	1042	2015-03-31
90	MOOCs浪潮下构建图书馆个性化服务	王红	现代情报	20	451	2014-10-15
91	高校图书馆信息素养MOOC建设现状、障碍与策略分析	崔博雅	图书馆工作与研究	19	728	2020-03-15
92	疫情对公共文化服务发展影响的思考	李国新	图书与情报	19	1441	2020-04-20
93	"互联网+"下国内高校图书馆智慧服务对比研究	雷红刚	新世纪图书馆	19	881	2018-12-20
94	大数据背景下MOOC在高校信息素养教育中应用探析	郭军	图书馆工作与研究	19	1108	2019-01-22
95	公共图书馆社会教育职能与MOOC结合模式及相关政策研究	莫凡	图书馆工作与研究	19	528	2015-11-15
96	开放教育环境下高校图书馆学习支持服务研究	赵蕾	图书馆建设	19	718	2016-08-15
97	MOOC环境下国外高校图书馆信息素养教育问题研究	张立彬	情报理论与实践	19	1158	2016-08-31
98	学科服务新探索——东北师范大学图书馆课程服务实践与思考	付希金	图书情报工作	19	960	2014-11-20
99	网络在线教育课程：图书馆的机遇和作用	秦长江	图书情报工作	19	1406	2014-06-05
100	高校在线开放课程资源建设路径探索	曾波	中国教育信息化	18	457	2018-12-05